catch

catch your eyes ; catch your heart ; catch your mind……

catch 124

迭里溫・孤山 A STEPPE STORY

作者 杜蘊慈
攝影 黃惠玲
責任編輯 韓秀玫
法律顧問 全理律師事務所董安丹律師
出版者 大塊文化出版股份有限公司 台北市105南京東路四段25號11樓
讀者服務專線 0800-006689
TEL (02) 87123898
FAX (02) 87123897
e-mail: locus@locuspublishing.com
www.locuspublishing.com
行政院新聞局局版北市業第706號

總經銷 大和書報圖書股份有限公司
地址 台北縣新莊市五工五路2號
TEL (02) 8990-2588（代表號）
FAX (02) 2290-1658

初版1刷 2007年2月
定價 新台幣350元
ISBN 978-986-7059-68-0
Printed in Taiwan

國家圖書館出版品預行編目資料

迭里溫・孤山 = A steppe story / 杜蘊慈 著；
黃惠玲攝影. —— 初版 —— 臺北市：大塊文化，
2007〔民96〕面：　公分 ——（catch；124）
ISBN 978-986-7059-68-0（平裝）

1. 蒙古 - 描述與遊記

675.26　　96001389

迭里溫・孤山

《蒙古秘史》額嫩河行紀

A STEPPE STORY

BACK TO THE BIRTHPLACE OF GENGHIS KHAN

杜蘊慈　著
黃惠玲　攝影

迭里溫・孤山　目錄

第一章

阿姆斯特丹——巴黎北站

當父親健在的時候，多交朋友；
當馬兒肥壯的時候，遊歷四方。

——蒙古古諺（1）

一九九九年一月五日，新年假期的高峰剛結束。早上剛過九點，從阿姆斯特丹開往巴黎北站的西北高速列車，空蕩寂靜，在這節二等車廂裡，只有我一人。

上一年的十一月中旬，我與好友惠玲結束了一趟亞洲腹地的自助旅行；五個月裡，從外蒙古、西伯利亞、歐俄、哈薩克斯坦、烏茲別克斯坦、吉爾吉斯共和國以及新疆，走了好大一圈，

（1）
有朋友問我，這句諺語是什麼意思？這有一句類似的諺語：「最大的不幸，是年幼時失去了父親，路途中失去了馬。」蒙古牧民與農業民族一樣，看重家庭的力量與後盾；一個小康家庭的父親健在，家業穩固，其子女就有固定的社會與經濟地位，假如父親不幸早逝，子女就會面臨艱困的奮鬥。父親也速該驟逝，少年鐵木真一家孤兒寡母的遭遇，就是鮮明的例子。

回到臺北。然而，副熱帶沒有金秋，沒有蕭瑟，無法讓遠行的渴望漸漸冬蟄，不到兩個月，我又離家，往歐洲飛去。

應該還有人記得，世紀之交那兩年，雪特別大。當大雪預示著半個地球以外，蒙古來春嚴重的雪災，經過了十七小時長途飛行未闔眼的我，此時卻穩坐在厚實溫暖的座椅裡。幾乎無法察覺的搖晃與運行聲，把我送進斷續的淺眠，可是膝上那本厚重的，完成於七百六十年前的史書，於孤獨寂靜的旅次陪伴我，現在又堅持把我從迷離眠夢裡拉回來。

這是蒙古民族的第一本文字史記。小時候，我在讀者文摘上偶然看過這本書的介紹：《蒙古秘史》，不著撰人，以最早的畏吾爾蒙古字母寫成，但原文本在明朝已佚，只有漢譯本以及漢字蒙音本流傳。其內容從成吉思汗的先世開始敘述，詳盡其一生，續卷以繼承人窩闊臺汗的事蹟作結。這位無名作者，應該是與成吉思汗關係密切的同時代人，寫作手筆不文其過，不諛其美，保存著蒙古口傳敘事的優美、生動、真摯。我深深記得，這篇介紹文章裡選取的開篇第一節：

「成吉思汗的先世，是奉騰格里之命而生的孛兒帖·赤那。他的妻子是豁埃·馬闌勒。他們渡海而來，在斡難河源頭的不峏罕山前住下。」（2）

這位男祖之名，意為「蒼狼」，女祖之名，意為「美鹿」。所謂海，可能是意為「無盡藏」的貝加爾湖，斡難河今譯為鄂嫩河，而意為「林木繁茂」的不峏罕山，就是橫亙蒙古國東部的大肯特山脈。

（2）
本書作者使用的蒙古秘史中譯本，是《蒙古秘史新譯並註釋》，札奇斯欽著，聯經出版事業公司。本章兩段出自第一節，第五十九節。

沒讀過《蒙古秘史》，但是從作家金庸在一九七五年《射雕英雄傳後記》聽說過的讀者，應該很不少。當時札奇斯欽先生的譯註本尚未出版，作家使用的是外蒙文學家Tsendiin Damdinsurung（策·達木丁蘇隆，1908~1986）的改寫本，由中國大陸的謝再善先生再譯為中文的。達木丁蘇隆並非史學或語言學家，他的本子是以文學手法將《秘史》重寫一次。

長大後，關於蒙古部族與西征，我讀過波斯拉施特的《史集》，志費尼的《世界征服者史》，以及若干近代與當代專著，幸運地憑著書本的引領，走上旅途。我曾越過成吉思汗揮軍南進的陰山，淌過蒙古騎兵飲馬的鄂爾渾河，走過大將速不台率軍橫掃的俄羅斯金環古城。我曾溯阿姆河而上，進入成吉思汗與四個兒子屠城的撒馬爾罕，徘徊於他曾在此自喻為上帝之鞭的布哈拉大禮拜寺。

但是這本最原始的、連書名都諄諄囑咐蒙古人必須珍視的一本書，是直到旅行歸來，我才在臺北的書店裡，偶然找到札奇斯欽教授的譯註本。於是，它成為這次長途飛行的唯一旅伴。

當蒙古帝國還不存在的時候、當成吉思汗還只是一個叫做鐵木真的青年的時候，在肯特山、額嫩河，發生了很多故事，讀了這些故事的我，很想看看故事裡的地方。

「也速該擄獲了塔塔兒部……回來，訶額侖夫人正懷著孕，住在斡難河的迭里溫・孛勒苔黑（孤山），就在那時候，生了成吉思可汗。出生的時候，在他右手裡握著髀石般的一個血塊。因為是擒來鐵木真・兀格之時生的，就起名叫鐵木真。」（3）

車過布魯塞爾，駛往比利時與法國交界。白雪覆蓋著平原與和緩起伏的丘陵，開闊的地形讓此地註定成為歷來有名的古典戰場。然而此時寧靜的冬季田野景致，讓人無法想像滑鐵盧戰役的人奔馬嘶，或是第一次世界大戰的隆隆砲火。漫天大雪撲打在時速超過兩百公里的列車車窗上，狂暴地往四方甩散，荒謬地如默片一般無聲；我凝視著，卻彷彿八百年前蒙古高原的金戈鐵

(3)
關於蒙古人的姓名：蒙古人原來有氏族名，ovog / овог，овогийн нэр，類似於姓，平時並不用，但每個人都知道自己所屬的氏族。1924年共黨革命之後，外蒙古採用父子聯名制，也就是在人名前加註父或母的名字，後來內蒙人也採用至今，所以國際上通行的外蒙與中國蒙族人名，都是父名在前，人名在後，本書使用的也是。蘇聯解體之後，蒙古政府開始鼓勵恢復使用氏族名，但是估計當時百分之六十的人口已經不清楚自己所屬的氏族，於是氏族尋根變成很熱門的一件事。前蘇聯境內的蒙古人則採用俄羅斯化的姓氏。

馬，撲面而來。

那麼，下次就是肯特山前，額嫩河邊，迭里溫・孤山吧。

◎關於本書使用的專有名詞譯名：眾所熟悉的，採用一般常見譯名，比如鐵木真、額嫩河、肯特山脈。其他名稱盡量採用札奇斯欽教授的《秘史》譯註本中的譯名，方便讀者參看《秘史》。書後的對照表包括了常用名稱、秘史名稱、英文名稱。

◎關於本書中蒙古高原部族的「部」、「氏」用法：與成吉思汗不同祖先的蒙古高原部落名稱，採用「部」，比如蔑兒乞部、客列亦部、乃蠻部。與成吉思汗同出於始祖阿蘭夫人的人民，書中盡量用「氏」區分，比如泰亦赤兀氏、札荅蘭氏、孛兒只斤氏、兀魯兀氏、忙忽氏。在部族名或氏族名稱後的「惕」，則是蒙古語的名詞複數字尾的用法之一，《秘史》譯本中經常出現，本書偶爾使用，比如兀魯兀惕、忙忽惕。以上所有名稱，本書中也同《秘史》譯本，使用「某某人」的稱呼，比如泰亦赤兀人、蔑兒乞人、乃蠻人。

蒙古山紋圖案

暮色中的鄂爾渾河。

肯特山下的少年與馬。（左頁圖）

哈剌和林，2006。左後方是歌劇「哈剌和林」首演舞台。

蒙古剪紙作品：狼

蒙古剪紙作品：形象化的成吉思汗女祖，手中是民間傳説可讓嬰兒安眠的狐狸吊飾。

第二章
烏蘭巴托

時勢不永駐；
草地不長青。

——蒙古古諺

「下次」，說來有趣，已經到了下一個世紀。二零零四年八月，距離法國西北列車的冬之旅，有五年多了；距離上一次我們走出烏蘭巴托火車站，則是整整六年又一個月。

六年時間，可以造就許多事物，足夠讓一個皺巴巴還沒睜眼的小嬰兒，長成活蹦亂跳的小學一年級新生。從一九九八到二〇〇四的六年裡，蒙古連續兩年雪災，前南斯拉夫的科索沃遭到轟炸與種族戰爭，千年前玄奘曾目睹的阿富汗巴米安大佛，被塔里班軍隊蓄意炸毀了，紐約發生九一一事件，美國入侵伊拉克，SARS造成群眾恐懼，也讓我們將這次的蒙古行延後了一年。或者，從這些例子看來，也許該說六年時間可以「毀滅」許多事物才對。（1）

幸好，以我們幾個孤家寡人的小市民立場來說，生活沒有類似生養孩子或是轟炸槍擊的戲劇性變化：惠玲辭掉一天工作十八小時的廠長職務，壯烈揮別待了十二年的製造業；我按照一九九八年旅行前的計畫，去美國唸完書又回來，其間並與她合作完成《地圖上的藍眼睛》，之後兩人又合作經營一份小小的事業；上次在蒙古結識的朋友達娜蘇榮，也已經大學畢業、到中國留了學，又回到母校蒙古國立大學任教了。

這一次進蒙古，依然搭乘西伯利亞鐵路蒙古支線，從北京到烏蘭巴托；不過旅伴的組成及其行為，與上次不同了。當然，惠玲還在，她還帶著那機齡十年以上的手動相機，以及長長短短的幾個鏡頭、數十捲正片膠卷。至於那位新成員，也就是我的妹妹，一面站在廊上與我低聲討論窗外的塞北風景，一面忙著使用手掌大小的新型數位相機，其間還不忘給正在上班的同事傳送令人羨妒的手機簡訊，炫耀自己昨天剛在北京吃了新疆菜，今天可就在西伯利亞鐵路上，遠眺八達嶺長城，剛過了青龍橋車站，現在豪氣干雲地開往蒙古高原啦。

我發現，這幾年的時光也反映在其他一些事實上頭。比如，儘管一年半前才來過一次，我卻愈來愈不認得北京新起的龐大建築、拆掉的舊街區。在火車站等著通過檢票口的時候，看看乘客的裝扮與行李，就可以知道，這列終點站莫斯科的第二十三號國際列車上，已經完全沒有那些

（1）
雪災，蒙古語tsagaan zud / цагааи зуд，意指牲口無物可吃的「白災」。1999/2000以及2001/2002都發生了冬季雪災，在受害最嚴重的幾個省裡，每戶牧民平均喪失了四分之一乃至一半的牲口。要注意的是，雪災影響不只在冬季，因為來春冰雪消融得慢，新芽也長得慢，剛熬過嚴冬的牲口裡面那些飢餓病弱的，過不了這樣的春季。

氣勢驚人的蒙古單幫客了；這表示中國與蒙古之間已經建立起穩固的正常貿易，蒙古的市場供應充足，不再需要這些人。沿路上幾班反向的列車，都滿載運往中國的原木，這一點也可以做為佐證。

由於已經過了七月的國家那達慕，車上的觀光客比例降低。我偶然發現，佔了這個車廂大部分的蒙古乘客，都是同一團成員。隔壁包廂的一位年輕蒙古小姐，梳著馬尾，穿著牛仔褲與T恤，說一口流利標準的普通話。她告訴我，這一團七十幾位全是蒙古國的漢語教師，接受濟南大學邀請，趁著暑假前往中國研習，現在結束歸國。多麼有趣的對比！少了從中國進口低廉民生物資的單幫客，卻增加了向蒙古輸入語言能力及競爭力的教師。

當天午夜，列車停靠中蒙邊界的二連浩特。火車站外，幾年前曾令我們瞠目結舌的夜半市集，原本是因列車上的蒙古單幫客而生，可想而知，現在果真如唐人傳奇裡不似人間的可疑聚會，永遠消失在沙漠裡了。

從這一切看來，也許不該令我驚訝的是，六年的時光，也足夠這個日益繁盛的邊城，豎立起一座龐大的霓虹燈標誌。數里外就能望見的燈光，火紅燭天，讓我再也看不見冷冽的沙漠夜空裡，數如繁沙的星星。

蒙古吉祥圖案—基本樣式

說來荒謬卻又合理，由於這些觀察與事實，我們從進入蒙古國境以來，心中某種只能形容為「近鄉情怯」的感受愈來愈明顯。在戈壁邊緣的日出之後，惠玲與我懷著矛盾的提心吊膽與萬分欣喜，始終不離窗邊。轆轆前進的火車車窗舒展開一幅無盡畫卷，我們一路重覽記憶中的蒙古，清朗藍天，綠草羊群，間或幾頭悠哉的駱駝，還有遠遠的一兩座蒙古氈房。

當列車減低速度，開始穿行在緩丘之間，我們不禁興奮相告，那四座聖山之間的城市，烏蘭巴托，快到了。列車轉過彎，車上的人們可以從丘陵之間望見遠方蒼綠的山脈，山懷裡就是烏蘭巴托。列車再轉過一個彎，第二眼卻讓我們驚訝，因為，跟六年前比起來，市郊邊緣的民居區明顯擴張，遠遠望來好似遍野螞蟻大軍，或是無數灰色大頭針，蠶食了綠色的山坡，不斷往上蔓延。

我們驚訝甚至憂心，並不是因為烏蘭巴托房屋與居民增加。這六年來雖然沒回過蒙古，但是我們一直注意各種關於蒙古的新聞，所以明白，這些由拼湊的小屋與半舊氈房組成的新區域，許多並不屬於都市開發計畫範圍，因此往往沒有水電，沒有學校與醫院；這幾年烏蘭巴托的街頭遊童愈來愈多，與這一事實也有關。烏蘭巴托市的老居民各安其位，不需要住到這種地方來，來的都是鄉間牧民。好一點的，是年輕人嚮往都市，離鄉背井，最可憐的，是這幾年因雪災及自然失衡而破產的牧民，無以為繼，只好舉家遷移，在城郊邊緣再添一個灰色的針頭。

失去了牲口的草原人家，就算不得牧民了；從更深遠的意義上來說，也許連他們的「蒙古人」這個身份也打了折扣。

不過，重返蒙古的興奮激動之情，蓋過了心中對於現實問題的憂慮。列車緩緩穿過城南的倉庫與民居，我們三人已經大小背包披掛停當，坐在鋪位上就等著到站停車了。龐大的行李讓我們總是禮讓別人先下車，當我們還在走廊上掙扎的時候，看來依然如學生的達娜，還是跟六年前一樣機伶，隔著車窗就找到我們了。

那一刻，我不由自主笑開了嘴，停下來朝著玻璃窗外揮手，想想卻又滑稽，人都到了，還耽擱什麼呢？下車吧！準備好呼吸六年來的第一口蒙古空氣——當然列車裡也是蒙古空氣，不過感覺不同——準備好在這一百五十六萬平方公里的土地上，踏下渺小的、歸來的第一步吧。

懷著這股豪氣出了站、上了吉普，十分鐘後，我們還被眾車堵在原地，上不了馬路。

烏蘭巴托的路上，再也沒有蘇聯車了，全是日本、韓國、美國、德國、瑞典、義大利、法國、英國的各式休旅車、小汽車、豪華轎車。簡言之，我們到了蒙古的第一步——「離開火車站」，就被八國聯軍圍攻。無論方向盤在左在右，絲毫不影響這些剽悍的駕駛們奮勇爭先。

不得不承認，對於蒙古城市生活的變化，我感到一點輕微的文化震盪，但是更強烈的感受是新奇、有趣。上一次，蒙古是行程第一站，考慮其後旅途的花費與載重，我們捨不得買紀念品，何況可買的也不多。可這一次，我們發現自己在烏蘭巴托居然能夠逛街了——或者該這麼說才精確：居然「有街可逛」了！而且連逛三天還停不下來！

到處剛開幕不久的超級市場、貨色更加多樣齊全的商店、連鎖唱片行（新概念！），以及滿街價廉物美的蒙古與國際餐飲（也是新概念！），即使對烏蘭巴托市民來說，也比從前方便許多。某天，我們與達娜的友人站在一排臨街的時髦小餐館前，研究著該進哪家吃晚飯？還是該去兩條街外吃某某烏克蘭菜？或是去那家法國餐廳呢？順便說一句，老闆可是拿破崙的同鄉，來自科西嘉島！想起六年前我們要請達娜與父母吃飯，整個烏蘭巴托市卻只有兩家餐廳可供選擇，我實在有股仰天大笑的衝動。

然而，變化中依然有不變。從前是零售主力的小售貨亭依然存在，惠玲還是照樣藉著各種機會到旅館旁的小售貨亭買東西，因為這種五臟俱全的超迷你麻雀始終令她著迷。最受歡迎的連鎖餐館，賣的是蒙古傳統主食各式餃子。上次烏蘭巴托唯一一家超市只有進口貨，而現在大小超市裡卻買得到傳統的酸奶條零嘴、奶油炸餑餑，甚至馬奶也做成了奶粉。

不過最令我們欣賞的新商品，還得算是蒙古奶茶隨身包。從此即使離開了蒙古，只要帶上幾包，也能回味在蒙古氈房裡手捧一碗氤氳熱茶的滋味。感激之餘，惠玲甚至為大看板上微笑舉杯的老K商標，照相一幀留念，我說也許她該在照片上題字：「惠我良多」！

蒙古吉祥圖案

在烏蘭巴托過了三天都市觀光客生活，由於妹妹休假有限，無法跟我繼續前往東部的額嫩河流域，所以達娜帶大家到親戚在南郊的氈房去住兩天，稍微領略一下蒙古牧民生活。

氈房雖在市郊，卻非上述的違建區，這一帶南臨土拉河，適合發展郊區牧業，零星分佈的人家，有的立起了嶄新的氈房，有的蓋起了俄羅斯式的寬敞木屋，顯得頗為興旺。

達娜的這位姻舅，自己在市區裡忙和經營別的事業，應該很成功，所以供得起大兒子出國留學，小女兒就讀俄羅斯人在烏蘭巴托辦的私校。他雇用了一家人在這塊地上照顧十幾頭奶牛，這兒是投資之一，也是週末的別墅。木板圍牆裡，一座簇新潔白的氈房，裡面是朱紅油飾的全套傳統家具，一套極其講究的蒙古鞍具按規矩放在左手邊上。

我看著惠玲爬進牛欄，蹭在龐大的眾位牛媽之間搶拍照片。這一次重回蒙古，惠玲居然習慣了蒙古羊肉、習慣了不吃蔬果，但是對於隨時可能鞋踩獸糞一事，還是不太自若。妹妹則徒勞地練習擠牛奶，雖然她從小就能很快學會溜冰滑雪開手排車跳標準舞，兩小時前又學會了騎馬牧牛，無奈擠牛奶這件事顯然有更大的學問，我只慶幸那可憐的牛媽媽好耐性，沒踹她一蹄。

從大夥兒開懷大笑的情景看來，我們這些作客人的無疑給主人帶來很多歡樂。我想，這不知是否算得蒙古的新式牧民生活：人住在都市公寓裡，開一輛日本車，出錢在鄉間養牛；別墅是蒙古包，跟祖祖輩輩一樣騎馬。

當夜，是六年來第一次在氈房裡過夜。早上醒來第一眼，我看見的是氈房屋頂正中，喜慶朱紅的木頂圈。正圓形的頂圈，彷如蒙古長調所贊頌的、日復一日溫暖著大地的太陽，放射出一輪上百根同樣是朱紅色的頂杆，撐住潔白的毛氈帳。天色尚早，天窗中露出的一小塊半圓形天空，還未顯現亙古的藍色；但見房頂正中，按照傳統，繫著一條經過誦經持咒的天藍色哈達，安詳地垂下。

我笑了，滿意地呼一口氣。蒙古，我回來了。

蒙古吉祥圖案

ПЕКИН——УЛАН-БАТОР——МОСКВА
北京——乌兰巴托——莫斯科
БЭЭЖИН——УЛААН-БААТАР——МОСКВА
МС

青龍橋車站。

蘇和巴托廣場上的孩子。

365
99
8

蒙古奶茶隨身包。新產品與新廣告。

「禁止牲口與馬匹進入」，蒙古式的公告。（左上圖）

蒙式連鎖餐廳的菜單。

在烏蘭巴托南郊放羊的孩子。（右頁圖）
仔細端詳拍立得相片的城市牧民。

第三章

從網際網路到額嫩河

驢子認著駿馬的蹄印走。

——蒙古古諺

上一次來蒙古，我們根據自己的計畫，參觀了國家那達慕賽會，去了窩闊臺汗在鄂爾渾河畔營建的都城哈剌和林；然後去了直到八年後還被台灣的旅行社形容為「路途危險」的西北部高山淡水湖，庫蘇古泊。

這一次我的目標，是根據《蒙古秘史》與後人考證，從烏蘭巴托往東北方走，進入大肯特山脈以及額嫩河流域，走訪秘史記載的史實發生地點。

野心很大，然而以我毫無專業水準可言的業餘興趣，怎麼可能在千里外的台灣隔空抓藥找出該走哪裡？相比之下，美國太空總署要把無人太空船送上火星、從地球遙控機械手臂採集石塊大概都比這容易。

從二十世紀初，《秘史》開始受到重視以來，歷年各國的研究者，沒有人專門致力於書中的地望校釋與實地勘查。原因無他，只因為蒙古深處內陸，不易抵達，一九二〇年代起又一直對西方世界封閉，所以學者們沒人能夠真正前往蒙古，自由地到處探勘。

至於蒙古本國以及蘇聯學者，由於直到八〇年代中，蒙古官方態度都緊跟著蘇聯腳步，對於蒙古帝國與成吉思汗低調處理，這方面的研究也成不了顯學。蒙古最著名的考古學者Kh. Perlee（1911-1982）的研究項目之一，就是《秘史》地望的實地勘查，在蘇聯時期，他曾經因為太強調蒙古民族主義而被捕入獄；其他在共產時期也做過這類勘查的學者，都是獨自暗中進行，沿途由牧民接待掩護。

可想而知，在九〇年代蘇聯解體後，一定有蒙古國的史地學者重開這方面的研究，並且應該已經頗有成績，但是在這個領域裡，哪位我都不認識，無從打聽起。

最新的英文旅遊資訊裡能找到的，都是我早已知道的，包括一九六二年在東北方的達達勒建造的成吉思汗八百誕辰紀念碑，還有頗有爭議的成吉思汗出生地點，當年建碑的始末摻雜了黨內政爭、民族意識、以及個人私心的矛盾暗潮。實際上，那地方離著額嫩河的直線距離都有十五公里，而且還得翻過一道小山脊，怎麼樣也不符合《秘史》上對於鐵木真出生地的記載。

好吧，反正我不是做學問，只要先找到帶路的人就行了。於是，就跟這新世紀裡準備交報告的學生一樣，我轉向最快捷的甚至是唯一的資訊來源，那就是網際網路。

很不幸，跟他們不一樣的是，我不能隨便上一個論壇或是奇摩知識，拋下一句：「誰能告訴我《蒙古秘史》裡面鐵木真從出生一直到打敗乃蠻部的四十八年裡，活動路線地點都是今天的什麼地方？急！明天要交。」

雖然不做學問，這件事還是得自己花時間爬梳，才能找到頭緒。六年來蒙古國的旅行社暴增，來源再也不止Lonely Planet上面的一點點了。我耐著性子，根據所有能找到的名單，一家一家看，看了六七十家，總算找到一家的專長之一是「成吉思汗歷史與考古之旅」，而且廣告還很誘人地註明，「根據《蒙古秘史》」。

聯絡之後，得到的回音與行程實在令人興奮，一眼看去，就有鐵木真的出生地、少年至青年時期常住的闊闊海子、奪回妻子孛兒帖之後與義兄弟札木合會合的牧地、被推選為蒙古本部可汗的地點、全蒙古向他共上尊號成吉思汗的地點、甚至《蒙古秘史》的可能成書地點。旅行社的老闆娘告訴我，一位美國的文化人類學教授Jack Weatherford在蒙古探勘這些路線與地點的時候，是他們接待的，而教授在今年（二〇〇四）剛出版了研究著作《Genghis Khan and the Making of the Modern World》。（1）

（1）
這本書是紐約時報書評的暢銷書。《Genghis Khan and the Making of the Modern World》，Jack Weatherford，ISBN0-609-61062-7，Crown Publishers New York。

我立刻上Amazon查這本書。這是一本文化史著作，並不是行紀，從目錄看來，作者的研究很紮實，那麼這條路線與地點應該也值得信賴了。本來想的只是找個略知野史傳說的帶路人，想不到來的卻是千里駒啊，呵呵，那麼我這毛驢兒就只管跟著走了。

高高興興把九天行程表裡的地名全用螢光筆標明了，翻開旅遊書裡的分區地圖，準備好好按圖索驥，因為雖然跟在別人後頭走，東西南北還是要搞清楚的嘛。

研究了不到五分鐘，出了烏蘭巴托只有一百公里，剛渡過克魯倫河，我就卡住了。

這什麼Hurhiin Valley、Ail Haragana、Jargaland Valley，到底都在哪裡?!

旅遊書裡的迷你地圖還沒我手掌大，連比例尺都沒有標明，顯然是因為後面太多「○」了，不及備載。哼，這種入門零級的地圖怎麼能夠符合我學術研究的需求?上網上網!

找了一小時，網上大部分的蒙古地圖只標了烏蘭巴托，就算標出了其他城市，也比書上的還糟，都只是省會而已;連美國CIA的Mongolia Factbook都是如此，難怪美國北約的飛彈會射到南斯拉夫的中國大使館裡去。

我坐在電腦前，抱頭興嘆。誰叫當年在烏蘭巴托我連三美元一張的蒙古全圖都買不起？一文錢逼死英雄漢，三美元讓我憤而擲書。接下來幾天裡，惠玲經常看到的情景，就是我坐在辦公桌前大喊：「這到底在哪？」

從網路上找到的，比我腦子裡原有的還差，而且很多古代地名現在也不同了。這些地點是Weatherford教授以及其他蒙古學者合作探勘出來的，旅行社並不清楚每一處的典故，行程表上往往只是簡略註記此地名在《秘史》上出現了多少次。追本溯源，還是得從書中找起；我必須找出來，這些地點都是在《秘史》第幾節、發生了什麼事件，否則到了當地一定一頭霧水。

這時候我才後悔，雖然手邊有幾本與蒙古歷史相關的英文著作，但是《秘史》譯註及研究我一直沒有英文版。我與旅行社往來都使用英文，行程表上的人名、地名、部族名，都是蒙語及英語的對音。至於中文譯本上的各種名字，除了重要人物，札奇斯欽教授都保留了原來明代的譯名，與現在的翻譯慣例很不一樣。

兩種版本的蒙中對音、蒙英對音，還有現在我必須找出來的中英對音，讓我非常頭疼。仔細一想，這根本是印歐語系、阿爾泰語系、漢藏語系的大雜燴嘛，只能苦笑。現在距離出發只有一星期，再去找一本英文版也來不及了。於是除了仰天長嘆之外，惠玲還經常看見我手捧著加了一堆註記的行程表與一本厚厚的《秘史》，嘴裡舌頭唏裡呼嚕亂轉，希望藉著省略中文譯名的一些音節與輕母音，悟出這到底跟哪個英文譯名有點關連。

直到人都到了蒙古，有二分之一的英文譯名我還是人不分男女老幼，地不分東西南北。

抵達烏蘭巴托的第二天，正當妹妹與惠玲在某工藝品店享受觀光客的採購樂趣，已經購買完畢的我，注意力終於轉向附近的其他攤位——有一家書攤。

在下不學，架子上的蒙古文書籍都看不懂，所以首先一眼瞧中的，是英文的《Teach Yourself to Play Morin Khuur》，馬頭琴自學手冊。嗯，這很需要，畢竟我們剛剛才每人買了一把馬頭琴。那麼這就一人來上一本吧。

繼續看，還有幾種不同尺寸的蒙古全圖，包括上次讓我拿不出三美元的那種。這次是不是應該湔雪前恥，掏出三千蒙古幣砸在櫃臺上呢？（其實不過三張千元小鈔罷了。）

於是請老闆娘拿出來看看。別的不管，我只注意東北部的肯特省地區，可是也只還好，並不符合需要。我要的是那種有密密麻麻一圈圈等高線的，「專業」的！（這是惠玲很中意的兩個字。）

果然，老闆娘拿出最專業、比例尺五十萬分之一、經過政府相關部門蓋章認可的地圖。校正年代是一九九二年，不過蒙古的地形地物不太有變化，這可以了。四十六公分見方的兩張圖拼在一起，還只畫了肯特省的三分之一，幫忙挑選的達娜跟我都很滿意，雖然上面沒有古代地名，至少大小山川的名字都有了。

翌日，我們在自然博物館聆聽熱心的解說員全館說明兩小時之後，妹妹還要去對街的歷史博物館。歷史博物館館藏豐富，而且說不定有特展，因此雖然我上次看過了，欣然願往。惠玲與達娜則在館外廣場上休息乘涼。

果然勤快有好處！我看到了大名鼎鼎的突厥古碑「闕特勤碑」的複製品。此碑立於西元七三三年（唐玄宗開元二十一年），用中亞粟特字母拼寫的古突厥文、以及中文唐楷書寫，位於後杭愛省南界，複製品最近才由西突厥的後人土耳其贊助摹造。今天一見之下，心情大好，於是我們從舊石器時代一直到當代蒙古，又看了兩小時，最後以博物館附設的紀念品店做結。根據我們的經驗，這種博物館紀念品店往往有些與眾不同的商品，不可小覷。

店小得很，我跟妹妹兩人進去就差不多轉不開身了。喜歡做手工的妹妹看上了別處沒有的新式毛氈工藝品，我卻在幾本一般主題的精裝書之間瞄見一個天藍色的、裝幀普通的薄冊子，小心拉出來一看，「Chinggis Khaan Atlas」，成吉思汗史地圖集！（2）

趕緊翻開，是英文！一九九七年出版，由蒙古科學院地理研究中心的兩位博士合作，根據

（2）
兩年後，也就是成吉思汗登基八百週年的二〇〇六年，我們又回到蒙古。這一次，《Chinggis Khaan Atlas》已經可以在百貨公司的書店與紀念品店買到了；在這之前，它似乎都被視為一本學術研究與興趣方面的參考書。

《秘史》敘事，從鐵木真所屬的孛兒只斤氏始祖孛端察兒，直到窩闊臺汗西征，繪製成二十二張地圖，有現代地名與清晰的路線圖，詳細的事件始末裡面還寫出了古代地名，以相對照，正解決了我的所有難題！

當著館員的面，我只能壓抑地小小蹦了一下，然後把書緊抓在胸前不放，告訴她：「這個我要了！」這次哪怕三十美元，我也財大氣粗掏出來砸下去啦！

蒙古裝飾圖案

惠玲喜愛的蘇聯製吉普車。
不過真要搭這個旅行她可能會哇哇叫。

我們的火車包廂小桌。（左頁上圖）

表演軟骨功的女孩。
背景中是化妝成大汗的（女）演員。（左頁下圖）

馬頭琴與箏。

摔跤手與小騎手。哈剌和林。（上圖）

「什麼？！我們已經要走出地圖外啦？！」2006年在巴勒只河。

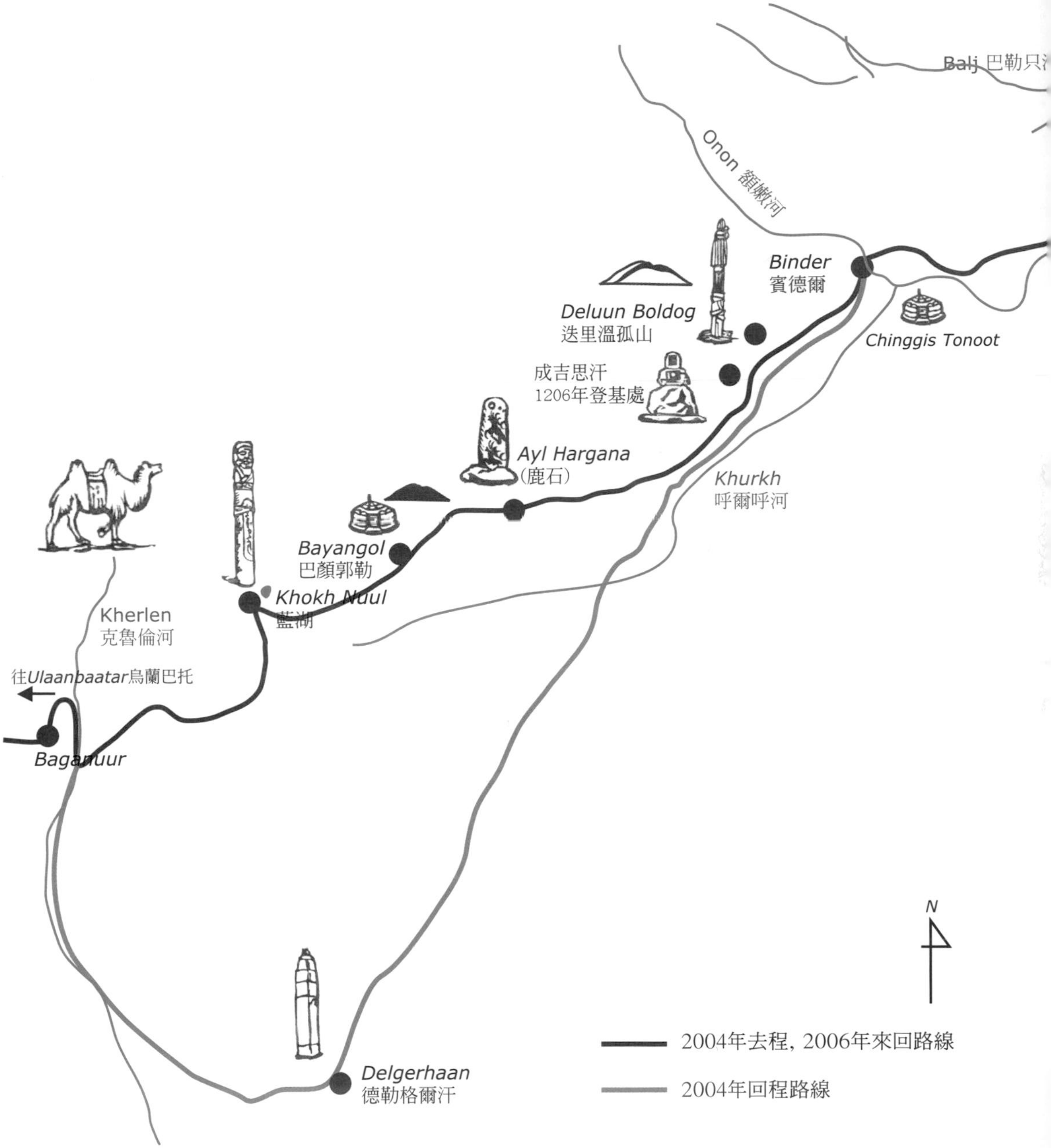

額嫩河成吉思汗出生地點之行路線圖。(杜蘊慧繪製)

(蒙古全圖及路線請見本書第256頁)

第四章

闊闊海子

氈房由兩根支柱撐起，
人在難中靠朋友扶持。

——蒙古古諺

二〇〇四年八月九日，是正式開始旅程的日子。在這一天裡，我們要往東跨越蒙古的最長河克魯倫河，進入大肯特山脈——《蒙古秘史》上所說的三河源頭，鐵木真出生之地、龍興之地、也是後世無從尋覓的安息之地。（1）

今天的路程超過兩百公里，其中一部分是岔出的路徑，只為了探查秘史上記載的某些地點

（1）
三河指的是額嫩河、克魯倫河、土拉河。三河源頭也是古代蒙古人的發源地，確實地點在肯特山脈的 Burkhan Khaldun / Бурхан Халдун ，「聖山」，《秘史》中稱為不兒罕山。《秘史》卷二第九十八至一零三節記載，鐵木真的宿敵蔑兒乞部族來襲，擄走了他的妻子孛兒帖，繞山三匝，仍無法將他尋獲。脫險之後，鐵木真免冠去帶，灑奠祝禱，誓願子子孫孫銘記。在蘇聯解體後，蒙古政府恢復了每年春天在山頂舉行的盛大祭禮。在本書中，將此山寫做「不兒罕」，與秘史第一節的「不峏罕」（肯特山脈）區別。

才走的。在連碎石路面也沒有的蒙古道路上，兩百公里足夠一輛四輪傳動吉普車走上六小時。蒙古人在肯特山脈的名字前面加上了「Kham」，以顯其廣大與神聖，而肯特山脈也的確不愧此一稱號，山勢深廣錯綜，原始森林茂密難行，再考慮到我們沿途探查地點的停留時間，今天勢必得花上八到十個鐘點。

為了這個緣故，我們在清晨六點半就集合出發了。這次的車，不再是當年雞立鶴群的二手Land Rover，而是尚不知評價如何的韓國製柴油四輪傳動休旅車。不過在這樣的行程裡，車輛v. s.司機，恐怕後者更加關鍵，尤其對我們這種人生地不熟語言不通的菜鳥，歷練而可靠的司機簡直是穩定軍心的先鋒兼指揮官。六年前我們很幸運，無論在蒙古草原、絲路沙漠、中亞天山，不同國籍族裔的司機們每位經驗豐富、行事周到；除了這相同的一點，他們不同的個性與風格，也往往為每段旅途平添特色。

在旅館大廳一見到恩和，我放心了。他有四十來歲年紀，中等身材，握手的時候，溫暖的大手上滿是硬硬的繭子。他穿著深色休閒長褲及耐用的越野短靴，T恤外加了一件攝影師或是釣魚熱愛者常穿的工作背心——塞得滿滿的車尾行李廂裡，也的確伸著兩根釣竿——比起其他的蒙古司機，多一點閒適的風度。由於這走南闖北的職業，他的膚色黝黑，額頭與眼角有很深的刻紋，笑的時候襯著一口白牙，格外醒目。

達娜依舊與我們同行，坐在駕駛座旁的座位，擔起翻譯的工作。我跟惠玲依舊乖乖攤在後座，她還有一堆相機跟鏡頭得擺弄，百無一用的可就是我了，只負責觀看風景。一反之前的晴朗高溫，今天烏蘭巴托整座城籠罩在迷濛的雨霧裡，這輛新車彷彿一尾銀魚，無聲地滑出了白霧中的烏蘭巴托。

在出發之前，清晨五點的時候，我摸黑送妹妹上車去機場，一時偷懶，依舊只在短袖上衣外面披了件襯衫，就英勇地扛起一個大背包往外走。一出旅館門，驟降十來度的氣溫，涼得我縮了縮脖子，接著把背包放進車裡的時候不當心，還把左背部扭了一下。這幾年真是多了幾歲年紀，少了點活動，夏天裡經常扭著了脖子或是後背，醫生說是暑氣積聚。八月的蒙古還是高熱，這幾天在烏蘭巴托街頭也沒少曬太陽，中暑是應當的吧，我不以為意；等稍晚天晴了、熱了，多活動活動，自然就好。

事與願違，天一點兒沒晴，雨倒愈下愈大。離了烏蘭巴托城六十公里，在蒙古現代文學之父納察道爾吉的家鄉、一座產煤的城鎮路邊拍攝灰鶴的時候，我們還能用毛衣或是Gore-Tex外套抗著空氣中的潮潤水氣。等到進了小城補充底片，路上已經到處積起了水坑，我們下車時也必須穿起雨衣了。這是我們第一次在蒙古遇見這樣綿延的雨。

這條由日本協助修建的新公路走著走著，恩和將車靠了邊，告訴我們，這兒是新公路的終點，再來就真正入了山。這路邊坡上有座敖包，現在大夥兒都下去禮敬，「祈禱一路平安」，他不忘提醒一句。

按照習俗，每人以順時針方向繞行敖包三圈，為敖包堆疊上了新石塊。冷雨順著雨衣帽簷兒滴溜溜地想往我的領口裡鑽，可憐我僵直的背轉側起來已經頗有困難了。站在這土坡上，往後看，早已不見城鎮，往前看，灰濛低垂的雨幕下，大肯特山脈猶如健臂，朝著我們伸展而來。這條東西向的路上，只有我們孤零的一車四人。

我振作精神，想著剛才恩和的話；他對這條路再熟悉不過，如此囑咐，必然有因。看來往肯特山下、額嫩河畔的前途中，我們在蒙古還會遇上的第一次，可不只這雨啊。

上了車繼續往前，舊公路愈走愈窄，傾盆大雨之中，視線很不好。過了一個檢查哨，路邊有棵高大的松樹，看慣了草原，這倒是少見。這兒有一家頗新的、也是唯一的小飯館，我們得在這兒吃早飯。

開了車門，水聲豐隆，這才看清我們是在一道深壑削然的河谷中，對岸江心陡然一座峭壁，橫波斷流，再仔細一看，原來是兩河匯流處，柔腸寸斷的公路右方一條大河，奔濤空谷，正是克魯倫河，挾著聖山腳下三河源頭的沛然雨水，長波滔滔，往南競奔而去。

跨過克魯倫河，我們才算離開了烏蘭巴托所在的中央省，進入東北方的肯特省，而這不僅僅是走進另一個行政區域那樣簡單。一下了河上的那座橋，山迴路轉，雨霧繚繞，看不見具體的景物，卻感覺到四周山勢隱然合圍。與之前習慣的寬闊草原不同，我們彷彿進入了一個更寂靜、更古老的空間，讓人自然地屏氣凝神。因此，當我們看見白霧下純為黛色的一片山間草地上，居然有一戶牧民氈房的時候，「白雲深處有人家」的訝異可想而知了。

這樣的天候，讓恩和也疑惑起自己的方向感。幸好這家人證明他是對的，在這片草地後方，層層雨雲之中，是一條陡峭山徑。從這裡，我們越過山口，方向轉為正北前進。

這條路徑的狀況極差。由於夾在一道山嶺腳下以及桑沽兒小河中間，我們只能在針葉林與濕地之間穿行，這是在平時都得格外當心的地形，何況這一帶的雨看來已經下了幾天了，針葉林間與濕地上更加泥濘。更糟的是，雨水加深擴大了許多掩藏在濕地植披下的水坑泥沼，在這樣的雨勢之中，尤其難以分辨。恩和開車很仔細，我們的速度極慢。

桑沽兒小河是克魯倫河的支流，鐵木真少年時代常住的地點之一，但是在這種雨勢與光線下，惠玲無法加以攝影記錄。我的背傷隨著氣溫降低及濕度提高，已經不可能自行痊癒了，而一路行車的顛簸搖晃，讓肌肉不自覺地隨時緊繃，也是非常不利的一點；現在範圍已經擴大到了整個上背部與頸部，患部完全僵直，上臂也受了牽制。在座位上的每一次搖晃、震動，都提醒我過去自己是多麼幸運，我不敢想像如果這發生在上次海拔四千公尺的中亞高山上、或是在俄國背著大背包連趕幾天火車的時候，會有多麻煩。

從清晨至此八個小時，天候、路況、個人狀況，一言以蔽之：無一不差，而我們連第一個地點都還沒到呢。出發前兩天在烏蘭巴托與旅行社老闆吃飯的時候，餐廳桌上擺著四個羊踝骨，是用以卜算運氣的一種傳統玩具，於是等上菜的空檔，大夥兒輪流擲著玩兒。我擲出的是兩個馬兩個山羊，「諸事扞格不順」，當時大家不過一笑置之，現在想來卻好像有點兒譜，入境隨俗，這種事似乎還是得服氣。仔細想想，從一開始的資料收集、路線規劃，到今天正式出發，這趟旅行裡很多事情似乎都偷偷地抗拒我的控制與計畫。不過，當然了，天氣是運氣，而運氣是不受人控制的，我只希望我們的好運並不是在上一次就已經用完了。

好運是否用完了還不確定，可以確定的是，任何事都有愈來愈糟的潛能。正當我像一隻僵硬的蜘蛛，七手八腳徒勞地想在座位上放鬆的時候，車頭猛然往下一沈，緊接著四人一齊驚呼，我只感覺到自己忽地從座位上被拋了起來，額頭與鼻樑狠狠撞在車頂上，後背與頸子僵痛的肌肉唰地綳開，又彈了回去，好像橡皮筋。

車停了下來。前座的達娜與恩和慌亂地回過身來一面道歉，一面檢查我跟惠玲，我跟惠玲也驚魂甫定八目相交——我倆都戴眼鏡。惠玲頭頂撞出個大包，疼得她皺著臉掉淚，不過幸好頸部背部腰部都沒有挫傷。我拿下居然還完好的眼鏡，按按眉心跟額角，都稍微腫了點，不算什麼，可是我的鼻子連吸氣兒都疼得發麻！

平時看好萊塢電影裡面動不動就有人被打斷了鼻梁，似乎這些洋人也太嬌貴了些。但我對此頗能同情，因為從小我的罩門就是這個部位，每次跟妹妹動手打架，她只要拿本硬殼兒書亂揮，運氣好敲中了我的鼻梁，我就game cver了。只想不到這次居然是在蒙古撞上了車頂，更重要的是，比哪次都疼！眉心鼻根如針刺一般，疼得連眼睛也皺在一起睜不開，只聽得惠玲著急地說了一句：「你的鼻梁紅腫了！」我懷疑是不是真撞裂了骨頭，再以指尖戰戰兢兢按了按，倒沒有哪一塊有特別的錐心之痛，呼吸也逐漸正常無礙。只是，唉，我的背，我的脖子，拉傷更嚴重了。

這是我們第一次在旅行中發生意外，但是跟無數個更糟的可能比起來，幸好這只是雞毛蒜皮。重新上路，恩和囑咐我們都繫上安全帶；其實平時我總是繫著的，但今天因為坐得極不舒服，居然忘了這件事，出事也實在怪不了別人。

後來惠玲告訴我，當時她只覺得第一天出發，天氣路況就這麼差，自己什麼都還沒看到，頭上就撞了個大包，往後這麼些天可怎麼熬啊。

至於我，在接下來的車程裡，只能盡全力藐視後背肌肉裡如刀剮般的疼痛，同時默默向成吉思汗祈禱，如果這是您給我的一點考驗，我樂於接受，不過拜託請別讓此行更加艱難了吧。

終於，午後兩點左右，我們又穿過一片不大的針葉樹林，抵達了《秘史》上所說的，「合剌只魯格山下的闊闊海子」，黑心山下的藍湖。

這兒有一處營地，八九棟簇新木造小屋，看來開始營業未久。我們向迎上前來的營地人員

蒙古邊飾圖案

解釋自己不是打尖投宿，而是來看藍湖的，他們沒有任何異議，倒是其中兩位年輕人一眼認出全身包在雨衣裡只露一張臉的達娜是他們的大學講師！

蒙古人對於師長最為敬重，我們這下沾了達娜的光，兩位小夥兒立刻領著我們往前走，冒雨一一介紹了新立不久的紀念碑、歷代蒙古大汗以及開國功臣的木刻像。濕漉漉的錄音機錄下的敘述，無疑也有雨聲，惠玲則只能讓傻瓜相機躲在帽簷與袖口下拍攝，其他那些單眼相機及鏡頭是禁不起雨的。兩位年輕人說，營地是父親新設，而自己的家族世守此處，也許就是從成吉思汗的時代開始的吧。

就在這個地方，發生過對於鐵木真以及蒙古帝國至為重要的兩件事。這些石碑與木刻，紀念的是其中揚眉吐氣的一件：在擊潰宿敵蔑兒乞人之後，西元一一八九年，鐵木真在此接受部眾擁戴，被立為蒙古本部可汗，時年二十八歲。這是他統一草原民族、建立蒙古帝國的第一步。

在那個時候，跟隨在他身邊的，已經有了「四駿」之一、後來封為蒙古右翼萬戶的孛斡兒出，即《元史》中的博爾朮，以及被他讚為「四猛犬」大將之中的者勒蔑、速不台、忽必來；而距離他終於收服了蒙古高原上的所有民族，在額嫩河邊立起九腳白旄纛，稱號成吉思汗，還有艱辛的十七年。

聽完達娜的學生熱心解說，我頂著大雨以及僵直得像塊木板似的背，執意更往湖邊去。在六年的計畫之後，既然今天是在創紀錄的最糟情況下來到這裡，我再怎麼也得看一眼那個據說呈心臟形狀、黑色的錐形小山，還有山下那個顧名思義的藍色湖泊。

湖對岸那座錐形小丘的確滿佈黑色礫石，在這一片黛綠的樹林與草地之間更引人矚目，難怪古代的蒙古人以它為地標。意外的是湖並不大，此刻雨滴在湖面不斷畫出一個個漣漪，水色在這樣的天氣裡顯得灰藍。這裡一點兒也感覺不出鐵木真可汗的躊躇滿志，倒更有淒涼清冷的氣息。不過我很滿意，因為這一刻我想的不是開疆闢土、稱王稱聖，我想的是更早之前的另一件大事。

鐵木真的父親也速該遭到世仇塔塔兒人下毒驟逝之後，鐵木真的遠親泰亦赤兀氏帶走了也速該的部眾，故意撇下一家孤兒寡母，任其自生自滅。古代牧民必須在團體中才能生存，一家婦人幼孩沒有了部眾與牲口，在嚴酷的自然環境之中，面對的幾乎是必然的死亡。但是在賢能母親訶額倫的養育下，這一家人居然熬了過來，兄弟五人逐漸茁壯成長。泰亦赤兀人懼其報復，於是先發制人，前來掩襲，捉住了鐵木真，徇行各營地為奴。

從《秘史》中無法確定這段時間有多長，不過某天鐵木真趁機打倒了看守，敵營中一家父子暗中協助，給了他一匹無鞍的黃牝馬，備好肥羊羔肉、一張弓，卻只有兩隻箭，也沒給用以生火的火鐮，意思是要他速速逃離、切莫淹留。

《秘史》上說，「鐵木真就那麼樣的走了，回到自己曾經歷過藩籬，設過營寨的地方」，讀來頗為蕭瑟。他逆著額嫩河踏蹤尋找，終於遇見了母親與弟妹們。很明顯地，他們不敢繼續在寬闊的額嫩河岸牧地居住，而是被迫遷居到小河與樹林之間的這個闊闊海子，窮困至捕殺土撥鼠與野鼠為食，當時他們一家的主要財產，只有九匹可以作為軍馬的銀合馬，也就是亮色鬃的淡黃騸馬。

然而連這點財產也有人覬覦。某天，鐵木真的異母弟別勒古台騎著其中一匹外出獵捕土撥鼠，強盜卻劫去了正在家附近放牧的八匹。等到傍晚別勒古台滿載歸來，鐵木真才能夠騎著這僅剩的一匹馬，按著草上踏過的蹤跡，追蹤而去，卻直過了三宵，仍未追及。

鐵木真正是在這最困頓的谷底，遇見了有名的財主納忽伯顏的獨子，素不相識的少年孛斡兒出。

「朋友，你這一路辛苦了！男子漢的艱苦都是一樣的啊，我給你作伴吧。」正在擠馬奶的孛斡兒出束起盛奶的皮桶子，留下馬群，讓鐵木真換了匹黑脊梁白馬，自己騎上一匹淡黃快馬，連父親都不及稟報，便與鐵木真追那些強盜去了。

又過了三夜，他倆才找到強盜的營地。孛斡兒出堅持陪同鐵木真冒險搶回八匹銀合馬，又拒絕他作為謝禮的馬匹。往回兼程走了三日夜，兩人回到孛斡兒出家中，父親正為了兒子失蹤而淚流滿面，突然見到他歸來，喜出望外，不過在此情況下，作父母的想當然也忍不住責備兒女使自己懸心。

可愛的是《秘史》上描述孛斡兒出對於父親責備的反應：「怎麼了，好朋友辛辛苦苦地前來，我去給他作伴，現在回來了。」說著就出門去把六天前留在野地裡的皮桶子拿了回來，完全以為此事天經地義，無須說得；由此更可看出他的心胸豪傑、誠摯熱情。

孛斡兒出與父親納忽伯顏給鐵木真備了豐盛的行糧，甚至從書中的記載來看，還遠遠超過了他在路上所需要的份量。臨行前，納忽伯顏鄭重囑咐：「你們兩個年輕人！要互相看顧，從此以後，休要離棄！」

這一對父子顯然都有識人的眼光，孛斡兒出與鐵木真也果然遵從老人的囑咐。過了大約一兩年，鐵木真與未婚妻孛兒帖成婚之後，讓弟弟別勒古台去請孛斡兒出前來作伴，共同生活放牧。於是孛斡兒出帶著一件青色毛衫，騎上一匹拱脊黃馬——而且，還是跟上次一樣，連對父親也沒說——就來到了闊闊海子。

這一經過，在《秘史》卷二第九十至九十五節，是十分詳細貼近的描述。一一八九年，鐵木真被擁立為蒙古本部可汗的時候，曾讚美封賞孛斡兒出：

「在我除了影子，

沒有別的伴當（同伴）的時候，
來做影子，
使我心安！」。

一二〇六年，鐵木真登基為成吉思汗，論功行賞，封孛斡兒出為萬戶，又親口讚講了兩人少年時結識的經過，以及多年來孛斡兒出的功績。（2）

以學者的觀點，以歷史關鍵的重要性而言，闊闊海子是鐵木真可汗龍興之處，是改變蒙古草原乃至世界歷史的起點。湖邊的紀念碑與雕像，堪稱錦上添花。而我，只是一個故事的讀者，對我來說，少年鐵木真在闊闊海子的掙扎求生、與孛斡兒出的結識及友誼，才是《秘史》裡面讓人百聽不厭的故事，就像草原上的人們，百年，千年，敬仰而親切地，聆聽著英雄的史詩與傳說。

蒙古邊飾圖案

（2）分別在卷二第一二五節，卷八第二零五節。

往藍湖途中的牧馬少年。

進入肯特山之前的敖包與石碑，這是回程的晴天。（上圖）

白雲深處人家的孩子。（左頁圖）

克魯倫河的支流匯流處。
這也是回程上，天朗氣清。（前頁圖）

達娜的學生Sainkhuu介紹闊闊海子。
請注意那把塌了的雨傘及達娜藏在袖口的錄音機。

「合剌只魯格山下的闊闊海子」，
鐵木真常住之處。2006年。（左圖）

銀合馬，又稱黃驃馬。淡黃色、亮色鬃的馬。（上圖）

談笑中的少年牧民。當年鐵木真與孛斡兒出應該也有這樣輕鬆的時刻。

鐵木真當選蒙古本部可汗的紀念碑。闊闊海子，2006年。

額嫩河邊的牧馬少年。牧民都可以像左邊的男孩一樣，不用鞍韉。

第五章

札木合

鐵木真、札木合說：

「聽以前老人們的話說：『凡結爲『安荅』，性命是一體的，不得互相捨棄，要做性命的救護者。』……咱們要親愛！」

——《秘史》卷三第一一七節

從闊闊海子之後，我們的方向轉往東北，大約五公里的距離，就離開了克魯倫河流域，進入了額嫩河流域，大略依著一條支流呼爾呼河前進。在路上，雨停了，積雲散去，有了太陽；明天會是個晴天。

當車開上一道東西向緩坡，遠方一座坐東朝西的石山霍然拔地而起，山勢陰鷙，在這一路行來的蔥籠綠意之間格外特出直上。黑色的嶙峋山頭，映射著開始西沈的玫瑰色夕陽，絲毫不見柔和，卻顯得更加奇詭。

我們朝著山峰的方向，愈走愈近，早已經可以看見幾座白色氈房，那是今晚的營地。然而我坐在車裡，著了迷的目光盯著的始終是那座山；這個地方，有點兒不尋常。

營地的工作人員早已聽見車聲，迎了出來。終於能夠休息一夜，而且明天篤定是個晴天，大家的心情既踏實又輕鬆。我直板板挪下了車，舉目四望，營地坐北朝南，叫做「巴顏郭勒」，「豐美的河」，得名於緊挨在營地東邊的一道清流。營地前方緩坡下，一整片毫無摒擋的草原，在暮靄中看不見盡頭，也不見任何牧民人家。這兒彷彿比西北山中的庫蘇古泊還要安靜孤寂。

營地管理人是一位中年婦女，上來招呼，胖胖的紅潤臉兒上帶著欣慰的微笑，開口說了一句話，讓達娜與恩和頓時笑容滿面，連連點頭。原來這兒已經下了三四天的雨，今天我們一來，就放晴了！蒙古人相信，帶來好運的客人能讓該停的雨停、該下的雨下。所以這麼一來，我們也算是帶來好運的客人囉。

接著往住宿的氈房去的時候，恩和又發現了我們三個女生的氈房編號是九號，立刻很高興地指給我們看：「好運！」蒙古人以九為人，所有的最高貢品與禮節都以九為基數，呵呵，看來咱們可真要時來運轉了。

蒙古邊飾圖案

由於達娜說了我有背傷，營地人員立刻燒熱洗澡水，氈房也升了爐子。我明白，在極端的條件下，只好採取極端的手段，於是請惠玲找出止痛藥。平時我並不習慣吃藥，尤其拒絕止痛藥及消炎藥，但是現在得先止住疼痛，放鬆肌肉，才有痊癒的希望。幸好惠玲有先見之明，記得就在兩個月前我才拉傷過一次，於是帶了這些藥來蒙古。唉，真是不一樣了，六年前那趟旅行，曾經上登四千八百公尺、高低溫差超過四十度，五個月裡我頂多喝了幾包感冒沖劑。這次要出發前，中醫師卻還得特別囑咐我別玩過了頭，注意心臟啊。

洗了熱水澡，我穿上最暖的衣服，罩上在烏蘭巴托買的駱駝呢褂子，與惠玲閒步眺望。今晚營地還有一家三口西方遊客，那位父親讚美我的衣服好看，於是聊了幾句。他們與我們反方向，明天要回烏蘭巴托了。我們的運氣好，他說，一到就遇上天晴！

等到周圍都沒了人，我才低聲跟惠玲說：「那座山，有點不一樣。」說著眼睛往營地左方瞄了瞄——因為我的上半身完全轉不了，又不願用手亂指。

「對。」惠玲也望著山峰，若有所思點點頭。「沒見過這樣的。」

現在太陽已經差不多完全落了山，峰上的天色發紫，襯著山後殘留的黑雲，壯觀之餘，更顯得深沈難測——我沒說出來的是，甚至隱約有點不祥之氣，不過也許惠玲也是心照不宣。

大概就是因為這樣，還有蒙古習俗忌諱詢問當地山河名稱，所以惠玲跟我對此都保持沈默。晚飯後，走出用餐的大氈房，管理人與我們聊天時，得知行程與《秘史》有關，這才告訴我們一件事，當場讓達娜與恩和「喔」地一聲輕呼。

達娜轉過頭來，臉上依然是驚嘆的表情，接下來的話果然讓我大吃一驚，卻又豁然開朗：

「她說，那座山下就是札木合的出生地！」

「星光照耀的天空旋轉，
諸國造反，
寢不安蓆，
互相搶奪劫掠。
草海所覆的大地翻騰，
全國喪亂，
臥難安衽，
彼此攻殺撻伐。」（1）

在成為成吉思汗之前，鐵木真在蒙古高原上的敵人，包括了塔塔兒部，是鐵木真所屬乞顏部的世仇，父親也速該遭其毒殺；蔑兒乞部，曾搶走他的新婚妻子孛兒帖，以報當年鐵木真的父親搶親之仇，在當時，搶親並不少見，但是孛兒帖脫險之後所生的長子朮赤的血緣，在《秘史》

（1）
續卷一第二五四節，察合台當眾質疑朮赤的血緣，兩人起了衝突，直言之臣闊闊搠思勸誡察合台，這是他所形容蒙古未統一前的情況。

中記載曾遭二子察合台當眾質疑，兄弟不和；最強大的泰亦赤兀氏，曾經將幼小的他一家孤寡棄之不顧，後來又前來襲擊，使之為奴；客列亦部，其可汗脫斡鄰勒，也稱為王汗，是鐵木真父親的「安荅」（義兄弟），因此鐵木真稱之為父汗，但後來雙方猜忌乃至敵對；乃蠻部，是蒙古西邊的強大勢力，與來自東邊、發展急速的鐵木真自然有所衝突。

這些蒙古部族之間往往長期敵對，他們與鐵木真之間的征戰，若非由於世仇，就是為了爭奪現實中的勢力與生存範圍。然而，穿梭在這些部族之間達二十年，志在傾覆鐵木真的那個人，卻是他從十一歲以來的結義兄弟，札木合。

妻子孛兒帖遭劫之後，鐵木真有王汗及札木合之助，奪回妻子，並且覆滅了搶妻的三族蔑兒乞人。鐵木真與札木合重申安荅之誼，共同生活放牧，地點就在這個營地巴顏郭勒前方的呼爾呼河谷，《秘史》上稱為豁兒豁納黑的地方。

然而一年之後，兩人分道揚鑣了，原因並非直接的衝突決裂，而是札木合一段難解的話語，讓鐵木真無法索解，孛兒帖卻聽出弦外之音，指其性好厭舊，不是常久可靠的朋友，建議鐵木真帶著自己的部眾離開。

事實上，分離的原因也許並不像《秘史》所寫的這樣單純，彷彿鐵木真一心安分守己盡兄弟之義，而札木合卻開始心懷厭棄。鐵木真與札木合這兩個年輕人都有能力、有野心，漸漸地不為對方所下，是意料中事。而雖然擄掠了蔑兒乞部，但是之前並不寬裕的鐵木真一家，擁有的人

眾財產大概還是不如出身札荅闌氏首領家族的札木合。（2）

當時看似善離，可是第二天開始，就有許多不同氏族的成員陸續離開了札木合，前來追隨鐵木真，終於在闊闊海子推舉他成為蒙古本部的可汗。接著雙方部屬因劫奪馬群的糾紛，札木合的弟弟被殺，直接引起札木合的報復，率領札荅闌人進襲，將鐵木真逼退至額嫩河下游的峽地。但札木合沒有繼續進攻，就回去了。他在回去的路上，卻表現了不必要的殘酷，將赤那思氏的年輕人煮了七十大鍋，又斬下鐵木真的一位部將的頭，拖在馬尾上走了。

接下來大約八、九年的時間，雙方都在培養實力。西元一二〇一年，札木合聯合十一個部族，稱號古兒汗，攻打鐵木真，雙方都遭到重創。退兵時，札木合卻擄掠了推舉他為可汗的人民，從此無法靠己力一呼百諾。於是他帶領部眾投靠王汗，利用王汗志大才疏的兒子，離間鐵木真與王汗之間的關係，終於挑動了對鐵木真開戰。

對陣前，王汗推託，讓札木合調度軍隊，札木合因此看出王汗能力平平，便叫人帶話給鐵木真，透露了王汗的陣勢，鼓勵鐵木真堅持下去。不過這次戰役也的確讓鐵木真元氣大傷，避居在地勢崎嶇、水涸流濁的巴勒渚納，額嫩河的支流巴勒只河上游。到得鐵木真反攻，覆滅王汗的客列亦部，王汗隻身逃出，札木合已經向西投往乃蠻部去了。

乃蠻的文化高於東邊的諸部族，但可汗昏庸，國勢已是強弩之末，卻向蒙古人放出即將前去攻打的風聲。可以想見，札木合在乃蠻並無實權，地位也不甚高，他是愈來愈不可能打敗鐵木

（2）
關於鐵木真與札木合分離的原因，《Genghis Khan and the Making of the Modern World》的作者Jack Weatherford根據蒙古貴族血緣宗法有所分析。

真，取而代之了。於是蒙古與乃蠻兩軍臨戰之時，札木合以生動有力的言辭，向乃蠻的塔陽汗形容了鐵木真麾下的猛將勇士，堪稱《秘史》上有名的心理戰。然後札木合向鐵木真傳話，告訴他這番話與塔陽汗的驚恐；最後強調，自己已離開乃蠻。

離開了乃蠻，蒙古高原上再也無枝可依，札木合上了今日外蒙西北邊上，極偏僻的唐努山。《秘史》上說，他與五名伴當流為亡命之徒，在山上殺了一隻野羱羊燒著吃的時候，說：「是誰的兒子，今天殺了羱羊這麼吃著呢？」

在《秘史》的質樸文字裡，札木合每一次合縱連橫的辭令，都顯得格外突出，唯獨這一句不經意的自我解嘲與感嘆，流露了英雄末路的不甘。身邊的伴當知道他已經不再有鬥志了，於是捉住了他，送到鐵木真這裡來。

在這裡，《秘史》的作者以一個細節鮮明地表現了札木合的性格，也強調了成吉思汗的法令。兩人見面的一開場，恩怨且先不談，札木合便依自己的身份，要求鐵木真懲罰那幾名背叛本主的伴當。這種行為本來就是鐵木真所厭惡的，從蒙古社會法律來說也是必須加以制止的，因此他當著札木合的面，將背叛者斬首。

十一歲在額嫩河邊初次結義；二十歲重逢，胸懷大志卻互不能容；現在歷經二十年血戰攻伐，彼此已是滿面風塵，一位創下自古未有的功勳，統治了從呼倫池到阿爾泰山的所有蒙古高原部族人民，另一位卻遭到最後幾名伙伴背叛，再無立足之地。這是《秘史》裡最動人心魄的段落之一。

首先是可汗鐵木真開口：「讓我們住在一起，互相提醒所忘記的，互相喚醒那瞌睡的」，因為札木合仍是他的安荅，況且在廝殺之日，還是心懷不忍，在敵營中先後兩次給他傳話，又以言辭恫嚇乃蠻人。

札木合的回答，是他在《秘史》中最後一次陳詞。在這之前，也許他從未對鐵木真說過這麼多、這麼真的話。他回憶早年結為安荅的情景，「一起吃不可消化的食物，一起說不可忘記的言語」，但是受奸人挑唆，以致分離。前面鐵木真是以過去情份為言，但札木合分析的是自己現在與未來的位置，可謂一針見血：

「我在應當作伴的時候，未曾作伴。現在安荅你已經把整個國家平定了，把一切外邦統一了。在汗位已經指向了你、現在天下已成定局的時候，我來作伴，還有什麼益處呢？」

札木合接著比較了兩人長短優劣，敘述鐵木真勝於自己的原因；按照《秘史》作者的手筆，由於鐵木真有賢明的母親，生來俊傑，又有幹才的諸弟、豪強的伙伴，而札木合自己父母早逝，又乏左輔右弼，以致為有「天命」的鐵木真所勝。

從這些說法看來，似乎札木合諉過於人，為自己開脫，但是他最後的請求卻是速死，只求使用不流血的處死方式，將其骸骨葬於高地，並承諾永遠護佑鐵木真的子孫。（3）

（3）
札木合對王汗及其子進讒，卷五第一六〇節、第一六六節。戰前對王汗及鐵木真說的話，卷六第一七〇節。對乃蠻部可汗的恫嚇，卷七第一九五節。與成吉思汗的對話，卷八第二〇〇節、二〇一節。

鐵木真對札木合的請求，一開始頗費思量，認為：「我的安荅雖然獨行，但沒聽見他滿口說想害我們性命的話，是個可學之人。」對於札木合的性格，說得非常簡潔明確，從這也看得出鐵木真善於以他人為師。但他也清楚，札木合指出自己毫無立場，是正確的；或者，札木合只是替他說出了不忍說的話而已。

於是，最後以當年札木合主謀反叛，以及現在拒絕了可汗的命令為由，依其言處死殮葬。傳說中，鐵木真以一條金腰帶作為陪葬，那是當年重申兄弟之義的時候，鐵木真送給札木合的禮物。（4）

最令《秘史》讀者印象深刻的人物，札木合算得上一個。原因之一是他的身份：他是鐵木真最早的結義兄弟，《秘史》裡面直到最後的對話，兩人依然以安荅相稱；他是鐵木真在蒙古高原上的第一個競爭者，也堅持到了最後一個。

另一個原因是，《秘史》對於他的辯才著墨甚多。從這些言辭及作為，讀者看到了一個複雜、矛盾的人物。他的心思縝密，觀察銳利，城府深，性嚴刻，毅力強，但是與人有距離，一意孤行，所以鐵木真說他「獨行」。《秘史》從頭到尾沒有提到他任何一位心腹、大將的名字，所以很可能根本沒有，這一點不但與鐵木真迥異，就是與其他首領比起來，也顯得特殊。也因此，在讀者的印象裡，札木合永遠是一條孤獨的身影，奔走在草海所覆的紛亂大地上。

（4）
當時蒙古人的信仰是薩滿信仰。流血而死是薩滿信仰的大忌，認為這樣靈魂會永遠受苦。古代蒙古人對於皇族採用不流血的死刑。

（5）
巴顏郭勒營地在肯特省，額木那德勒格爾縣境 Ömnödelger sum / Өмнөдэгэл сум，座標東經109度25.840分，北緯48度11.910分。

這樣的一位人物，正誕生在這樣一座山峰下！那一刻我簡直有股拊掌擊節的衝動！不過我忍住了，只是喜出望外地「喔」了一聲，盡全力給惠玲一個眼色——瞟了一眼，因為我的上半身還是一樣動不了。

累了一天，大夥兒沒像平時一樣聊天或是看書，很快就睡了。感謝惠玲與達娜把一塊木頭似的我「放」在床上，掖嚴了溫暖的毯子。由於我們還在這座山的地界兒，我決定今晚先不要告訴達娜，關於這座山的想法。與此同時，我也對鐵木真的出生地，額嫩河的迭里溫孤山，懷有更大的好奇，更多期待了。

札木合遭部下背叛，獻給了成吉思汗。

準備割草過冬的牧民，使用駱駝車遷移。2006年。

巴顏郭勒營地附近雄鹿湖邊，牧民父女。2006年。

額嫩河邊轉場遷移的牧民家當。（前頁圖）

約三千年前游牧民族的鹿石。這處河谷在書中稱為阿亦勒——合剌合納，是鐵木真離開札木合之後的住處。2006年。

巴顏郭勒營地。即使天晴，札木合出生地的那座山看來依然奇詭。（上圖）

巴勒只河，鐵木真與王汗作戰後避居處。圖中釣魚的是恩和。2006年。（中圖）

土拉河流域的馬群。（下圖）

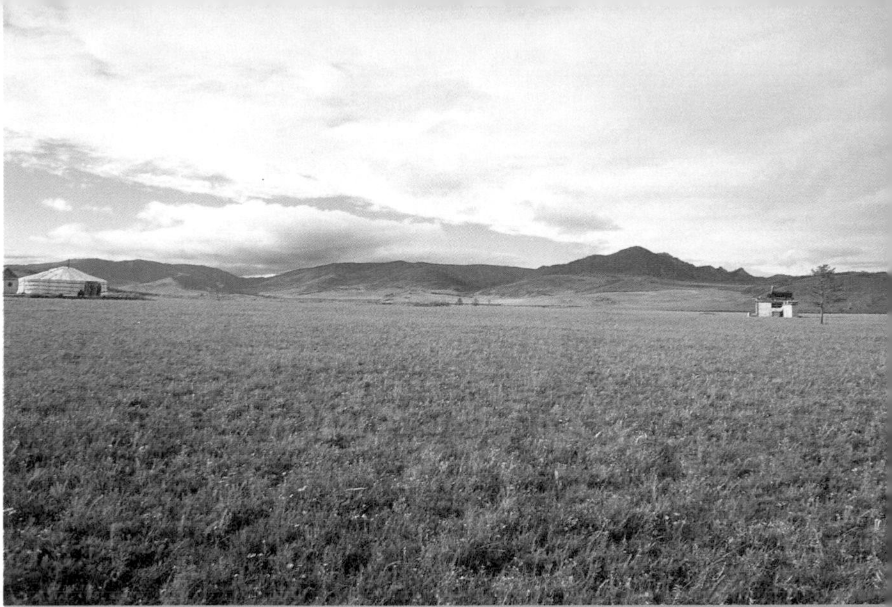

第六章
妻與子

也速該一看他的女兒，果真是個臉上有光，目中有火的女孩子，正合了自己的心願。她比鐵木眞大一歲，有十歲了，名字叫做孛兒帖。

——《秘史》卷一第六十六節

第二天八月十日，睡了一夜好覺醒來——咦，我可以自己起床了，雖非完全活動自如，但至少已經沒有刀剮似的疼了，我趕緊繼續服藥。從氈房天窗望出去，今天是個大晴天，出門一看，果然草地都乾了，惠玲還趴在草叢中取景呢。

巴顏郭勒營地這一帶下了幾天雨，今天才剛放晴，崎嶇山路的狀況極差，我們無法按照計畫岔出主要路線，前往一座偏僻的荒廢寺廟，以及《秘史》上的一處河谷。昨天一整天折騰得大家傷的傷、累的累，既然無法去上述地點，索性好好修整，上午九點半才從容出發。今天的路線大致繼續沿著呼爾呼河前進，傍晚抵達與額嫩河的匯流處，賓德爾縣的行政中心，那將是我們在額嫩河的基地營。

今天無疑地大家的心情都輕快了起來。我們感到有趣地發現，恩和是一位頗有藝術與浪漫氣息的人物。從早晨在巴顏郭勒營地，他就開始採集八月裡草原夏季的最後一批野花，隨意別在駕駛座的遮陽板上、照後鏡後方、甚至車窗上端的把手上。他沒忘記與周圍的人分享，總是選出花形特別大的幾朵，送給我們三位女生，有蒙古山蘿蔔的柔嫩紫花，婆婆納的紫紅色穗狀花。我把自己的幾朵別在玉山國家公園帽簷兒上，隨風敧側。

路上暫停小憩的時候，恩和還會看看草叢間是否有什麼奇石；在大肯特山脈中，地上有不少經過沖刷的火成岩小圓石，附著半透明的石英結晶，特別逗引人的尋寶本能。於是，彼此交換欣賞每個人找到的石頭，也成了我們的活動之一。

恩和對於風景也很有鑑賞力，視力又比我們三個戴著近視眼鏡的都強，有幾次他自己作主在路邊停下，告訴我們前面這片風景很不錯，值得下來看看，拍幾張照片，我們也樂於從命。我跟惠玲說，現在恩和可是咱們的藝術總監啊，要是他會說「拍！」這個中文字，那就更方便了。

之前他一直在銀行擔任司機，五年前開始為旅行社工作。他非常滿意這種工作方式，可以到處觀風景、釣魚。車上有幾本相冊，是他在全蒙古工作遊歷的紀錄，我仔細看了一遍，大概除了最西邊與中國交界的阿爾泰山，其他地方都去了好幾次；最令人莞爾的是時無論冬夏，地無分東西，一律在河邊上提溜著各種大魚的留影。

他在車上播放的歌曲，最能讓我們感受在蒙古旅行的獨特氣氛。自從上次離開之後，我們有多懷念這些一路陪伴的悠長歌聲啊。蒙古傳統音樂唱片在國外不難買到，但是這些家喻戶曉的流行民謠，就只有蒙古國內才有了。許多傳統民謠與創作，一代傳一代，重新編曲、一再翻唱，在美好的群體記憶之外，增添了時代的韻味。

我聽出其中幾首歌，是直到現在也還被當紅歌星翻唱的，但恩和擁有的卻是罕見的單聲道老錄音，歌者與伴奏功力很深。他一聽達娜轉述此言，興奮地將我引為知音，翻出車後一個小紙箱，裡面滿滿都是他的卡帶收藏！於是這又成為我們旅途上的一項額外享受，聽到特別盪氣迴腸的，就請教恩和。可惜的是老歌唱家均已謝世，這些卡帶差不多成了海內孤本，在烏蘭巴托也不容易找到。於是我想到了一個最直接的方法：用採訪記錄的卡帶隨身聽錄音！在歌聲之外，連帶錄下了蒙古草原的風聲、我們一車四人的說笑聲，在離開蒙古的歲月裡，這是我最珍視的紀念品。

我們從巴顏郭勒營地出來，路線朝東北方向。蒙古的山脈之「大」，在於寬廣，行人並不覺得置身山中，而的確是在一片寬平的高原上。恩和說，在成吉思汗時代，這一帶的山北是兀魯兀氏的根據地。《秘史》裡面，兀魯兀惕與忙忽惕並稱，俱為當時蒙古高原上最令人聞之喪膽的勇士，歸順了鐵木真之後，總是在每次戰役中擔任先鋒。《秘史》作者曾借著驚慌失措的乃蠻塔陽汗之口，形容戰陣前方歡騰跳躍地殺上來的兩族戰士：

「他們怎麼像要咂吮母奶、在母親周圍跳躍奔跑的馬駒一樣，竄繞著前來了呢？」

據稱忙忽惕的牧地，則是在蒙古東北，額嫩河的河谷中。蒙古東部的居民傳說，當成吉思汗的大將速不台西征前往俄羅斯南部的時候，將這兩族的戰士帶走了，從此他們留居在俄羅斯，因此直到現在，俄國西伯利亞境內的布里亞特蒙古人，仍然稱俄羅斯人是兀魯兀蒙古。

事實上，《秘史》或其他更晚的記載裡面，並沒有特別提及速不台西征麾下的部族，這兩部人民的首領也另有他人。這類傳說，在蒙古與口傳歷史依然盛行的其他地區，往往可以視為文字記載的補充，因為一方土地有一方土地的記憶，尤其牧民的記憶更是依存於代代放牧生活的土地。不過，似乎也不能忽略了彌補心理的因素：人們追念著激動人心的過往，不忍或不願任其湮滅，有時候，會慢慢地編造出故事的後續與結局。這一點，我從這次以及二〇〇六年的第三次蒙古行當中，逐漸有了點體會，因為我曾在方圓兩百五十公里的範圍內，在三條不同的河邊，被三位顯然沒有讀過《秘史》的當地牧民告知：「前面那就是成吉思汗與札木合住了一年的河谷」，還不忘補上一句：「秘史上說的」！

事實上，第一位指著南方河谷跟我們說這話的，正是恩和。他有張二〇〇二年份的成吉思汗歷史旅遊地圖，比我的那本史地圖集簡略，區域僅限於肯特省與額嫩河流域，不過豐富地標示了與成吉思汗有關的各個地點，以及其他時代的考古遺跡。與我的地圖集比較，大部分的結論頗為相合。

他指的這個地方，似乎歷來是蒙古部族的聚會之所。在鐵木真出生之前，蒙古人在此地奉其伯祖忽圖剌為可汗，舉行了盛大慶祝，歡歌舞蹈，「把豁兒豁納黑一棵枝葉繁茂大樹周圍地方都蹈踏成了到肋骨的路溝，沒膝蓋的塵埃了」。

遠遠看去，一道並不高的山嶺下，是縱長的一片樹林。在一馬平川的高原上，往往看不見遠方的河流，透露消息的，其實是沿著河岸生長的樹林。《秘史》上說，鐵木真在札木合與王汗出兵相助之下，救出了妻子，然後鐵木真與札木合「在豁兒豁那黑山翼，忽勒荅兒山崖前面，一棵枝葉茂盛的大樹那裡，彼此重申為安荅」。

鐵木真與札木合帶領雙方部眾，在這一帶地方過了一年。鐵木真的妻子孛兒帖被救出不久後，就生了長子朮赤，因此朮赤的誕生地，很可能也在這片河谷中。

孛兒帖被俘的經過，以及長子朮赤的血緣，不但《秘史》讀者疑惑，尤其令蒙古伊兒汗國治下的《世界征服者史》作者志費尼、《史集》編纂者拉施特無法解釋，只好各自在書中自圓其說。可憐這兩位伊斯蘭文化背景的波斯作者，實在不能理解為什麼蒙古人在敵人來襲時居然全家各自騎馬逃去，留下妻子面對被擄的命運，更不能理解為什麼妻子歸來之後地位依然不變，而血緣頗值得懷疑的孩子，也一直被視為長子。

從《秘史》的記錄看來，孛兒帖被蔑兒乞人劫走，是非常不得已的。當時鐵木真一家沒有多餘的馬匹供她騎乘，母親訶額侖與小妹帖木侖必須受到保護，而男丁本就是家道的基礎，尤其有了之前鐵木真被俘為奴的教訓，他們明白這次若遭俘虜，恐有性命之憂；這些蔑兒乞人繞著鐵木真一家藏身的不兒罕山搜了三次，目標恐怕還不只搶妻，而是要更嚴重地報復。在這種情況下，不得已也只能讓孛兒帖被搶走了，畢竟這樣損失最小，而且只是一時的損失，只要再搶回來就是了。

從上述情況看來，似乎嚴酷的現實壓過了感情，孛兒帖只是隨時可棄而代之的個人財產。幾個月之後，對蔑兒乞人的聯合出兵，是鐵木真的第一次戰役，而且打了勝仗。當鐵木真這邊的軍隊攻進營寨，開始擄掠蔑兒乞人，他卻一個人騎著馬，在驚慌逃竄的百姓中喊著：「孛兒帖！孛兒帖！」

孛兒帖在兵荒馬亂之中仍然聽出了鐵木真的聲音，跑上前去，「雖在夜裡，也認出他的韁轡」，就上前拉住。《秘史》以質樸動人的語言說：「那晚月光明亮，鐵木真一看就認出了孛兒帖，兩人便用力互相擁抱起來」。

接著鐵木真當夜就派人告知王汗與札木合：「我要找的，已經找到了！夜裡不必兼程前進，就在這裡下寨吧！」在《秘史》裡，鐵木真少有幾次流露激動情緒，無論憤怒、哀傷、喜悅，無疑這次是最直接、顯而易見將孛兒帖置於一切之上的表示。（1）

孛兒帖長鐵木真一歲，在十歲時定親，與小鐵木真一樣，「臉上有光，目中有火」，是個不平凡的孩子。在鐵木真一家困頓之際，兩人履約成親。鐵木真邁向汗位的第一步，是率眾離開札木合，這出自孛兒帖的一語道破；鐵木真成為成吉思汗之後，剷除薩滿對於政事的影響、完全統一權力，也是因為孛兒帖哭著以孩子們命運堪虞為例，危言勸誡。孛兒帖的這兩次發言，顯示出女性微妙的洞察力，表達方式親近又帶著一點情感的威脅，正符合從少年時期便彼此相依的妻子身份。在《秘史》裡面，成吉思汗的其他妻子，是從來沒有——或是不能夠以這種方式對他說話的。（2）

看得出來，在這樣的關係中，即使朮赤不是鐵木真的兒子，鐵木真也接納了他，並且承認長子的身份。鐵木真與孛兒帖的四個兒子，朮赤、察合台、窩闊台、拖雷，到了能夠出征的年紀，父親便指派任務，一視同仁。成吉思汗即位後，分配百姓部眾時，在四子之間給長子朮赤的最多，在當時必定有種種傳言，甚至可能有人試圖以此挑撥四子之間的感情。窩闊台開朗敦厚，拖雷友愛忠實，但是剛愎暴躁的察合台僅次於朮赤，朮赤的身份對他有直接利害。

西元一二一九年，蒙古使節在花剌子模國被殺，成吉思汗舉兵親征，開始了蒙古帝國長達七年的第一次西征。行前與諸王諸將合議時，成吉思汗接受妃子也遂的建議，打算指定繼承人，於是命令諸子之長朮赤先發言，說說自己的看法。

（1）
救出孛兒帖，卷三第一一零節。

（2）
孛兒帖哭勸鐵木真，卷十第二四五節。

想不到，兀赤尚未作聲，察合台就說：「讓兀赤說，莫非是要託付兀赤？我們怎麼能讓這個從蔑兒乞人那裡帶來的管轄呢？」

兀赤馬上就起來揪住他的領子：「汗父都沒說過什麼，你怎敢挑剔我！」接著對他下了挑戰，比賽射遠及角力，「聽憑汗父聖旨！」

從兀赤說的第一句話來看，他顯然知道自己的出身疑雲，或者以《秘史》作者的眼光來看，這根本無所謂疑雲，而是一件極清楚的事，不過成吉思汗不介意罷了。

成吉思汗、乞顏部的也速該勇士之子鐵木真，當年一個被摒棄在部族之外的孤兒，今天，他已將近六十歲了。他征服了蒙古高原的各部百姓，平服了金朝、西夏、畏吾爾，治地北包貝加爾湖、南越黃河、東至海濱、西抵巴爾喀什湖。他有情如兄弟的眾位功臣，親近順從的后妃，強健勇武的諸子。然而，就在這一切壯盛的頂點，他卻得看著自己的長子與次子在諸王諸將之前互相叫罵，看著重臣拉開了兩人，諄諄勸解，追述當年草原的紛亂、自己兵馬倥傯、妻子艱忍持家，而他自己卻「聽著，一聲不響地坐著」。

場面稍微平復，成吉思汗才下聖旨：「你怎麼那樣說兀赤呢？我諸子之長不是兀赤嗎？以後不許那樣說！」於是察合台推舉三子窩闊台，兀赤與拖雷也承諾明志，願為窩闊台效力。（3）

在《秘史》裡，鐵木真有幾次特別明顯地流露了情感。尋找妻子時的緊張、重逢時的喜

（3）
討論繼承人的經過，續卷一第二五四、二五五節。

悅；對王汗作戰時，落後的友伴孛斡兒出突圍歸來，他激動地捶著胸說：「長生天作主！」同一戰中，窩闊台頸脈中箭，不省人事，作父親的鐵木真一看，「心裡難過，從眼裡流出淚來」。《史集》中記載了西征時，成吉思汗心愛的孫兒、察合台的長子，在今天阿富汗的巴米安中流矢而卒，成吉思汗因而下令猛攻，城破之後，「人畜全部殺絕，不留俘虜，不取一物，城市毀為荒漠，改名『歹城』，至今荒廢猶然」。

然而這一次，從頭至尾，成吉思汗以可汗的身分降旨，而非以父親的身份訓誡。如此固然符合場合與身份，也符合他「野外的事在野外斷，家裡的事在家裡斷」的公私分明原則，不過這可能也是一種很好的掩飾。在那個時候，成吉思汗必定有那麼短短的一瞬，也許想到了當年自己無力保衛孛兒帖，也許想到了當年在蔑兒乞營地的月夜，也許想到了自己的母親訶額侖，也是搶來的妻子。

這一次西征，蒙古順利消滅了位於蒙古與阿拉伯之間的最強國，花剌子模，甚至往北直達俄羅斯諸公國，但是兀赤再也沒有回到額嫩河邊的故鄉。他奉命鎮守在今日俄羅斯南方的欽察草原，不久病故。

據《史集》，成吉思汗得訊，「陷入莫大的悲痛中」。大約與此同時，他也在消滅西夏的戰爭中受傷，隔年去世，遺命歸葬大肯特山脈深處，三河源頭。（4）

（4）
《秘史》上不言成吉思汗的葬地，應該是為了遵守可汗遺訓。真正地點歷代史書各有不同說法，不過外蒙人相信是在大肯特山脈深處。

母與子。額嫩河營地主人鋼蘇和的妻子與兒子Ganzorig。（前頁圖）鋼蘇和的女兒Tungalag。

兄弟倆。哈剌和林。

額嫩河邊的年輕牧民母子。
營地大廚尼木夫的妻與女。
（左頁圖）

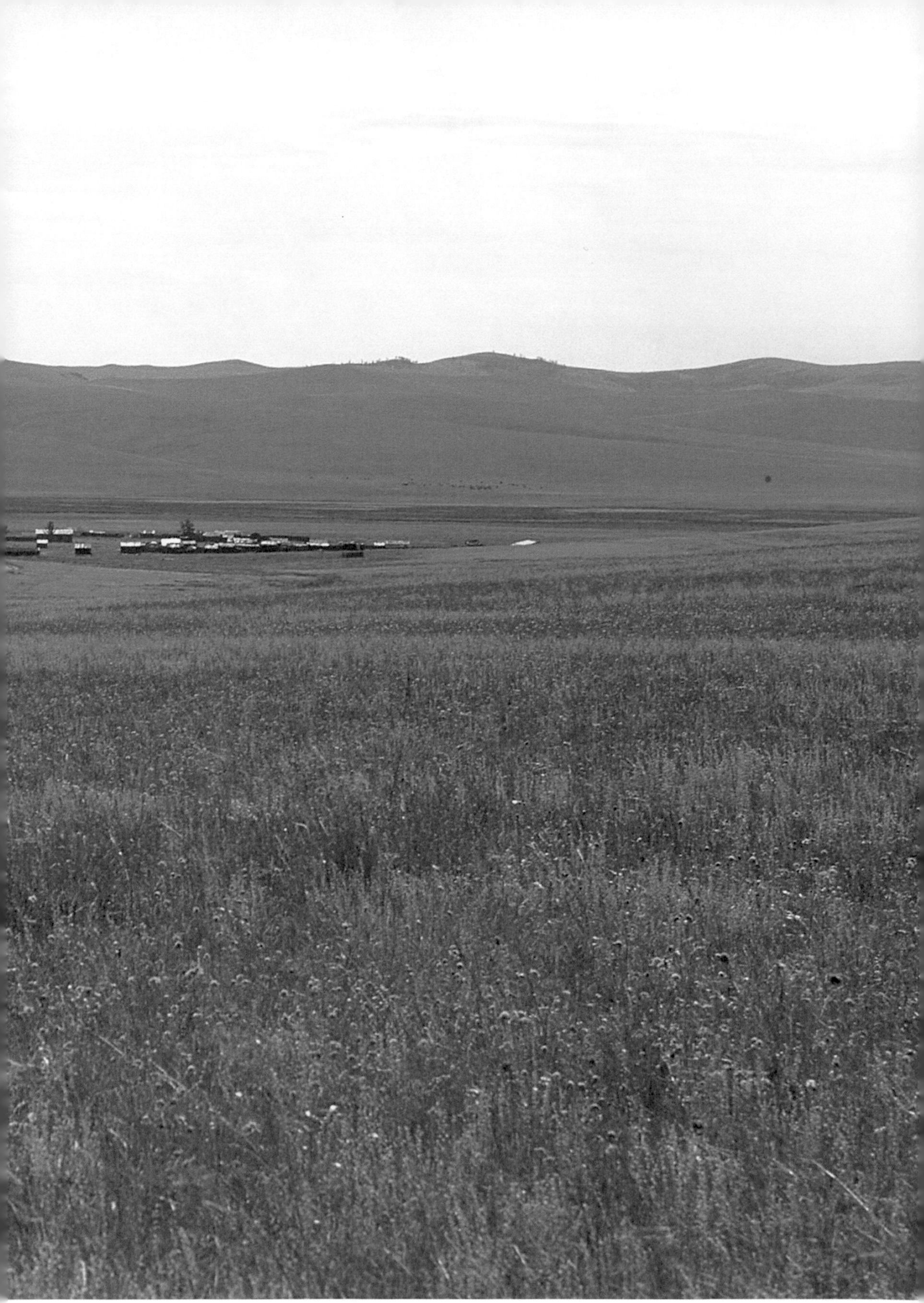

遠方河流沿岸，是鐵木真與札木合居住的豁兒豁納黑，今之呼爾呼河。（前頁圖）
Baldan Baraivan大殿外觀，仍可看出是藏式建築。此廟群乃雍正敕建。（上圖）

重修中的廢棄寺院Baldan Baraivan。
圖右舉頭鑑賞的是恩和。2006年。

即使天晴，在濕地行車也有困難。2006年。（下圖）

第七章

迭里溫・孤山

我們把白頭母羊的初乳，
向成吉思汗的誕生地
迭里溫・孛勒荅黑，
敬獻圓滿的九種灑祭。

——綿羊灑祭辭（1）

願吉祥如意！
扎根在肯特山腳下，
汲取額嫩河的水分，
在那一片柳叢林中，
只有你長得與眾不同。

——套馬杆祝辭

（1）
綿羊灑祭辭，是在春天母羊產出初乳的時候，祭祀儀式上所用的。要用九眼杓 tzatzal / цацаль，也就是一柄淺平大木杓，上有九個較深的小凹洞，舀起奶水灑向天空及不同方向的神靈。

大肯特山下的草原，是全蒙古最豐美滋潤的牧場。呼爾呼河的寬平河谷，從前是鐵木真常駐之地，如今，在河谷邊的緩坡上，偶爾有粗放的小麥田，這兒與烏蘭巴托西北方的布爾干省，是蒙古唯二的小麥產地。現在麥穗還是一片青綠，倒是牧民已經聚集到此，開始準備過冬的乾草了。廣闊的草場上，拖拉著滾式鐮刀的馬匹，在主人駕馭之下緩緩繞著圈兒，後方割下的草，就由其他伙伴耙齊了捆緊。這是八月第一陣秋風吹起之前的大事，我們特地停下來拍了照片。

牧民生活非常辛勞，一年四季，從早到晚，有各種需要按時完成的工作，女性持家、照料牲口，男性負責放牧及其他粗重或危險的任務。在白日長的夏季裡，一家人往往夜裡十一點睡，早上六點起床，忙碌一整天。不只牧民，都市中的蒙古人似乎也都不閒著，尤其孩子，特別受到父母長輩的訓練，伶俐勤快，我們從沒遇見過懶散的蒙古小孩。

從巴顏郭勒營地到我們在額嫩河邊的基地營，大約有一百五十公里路。到了下午五點左右，已經可以看到路線正前方，也就是地圖上的東北方大約二十公里外，一片茂密廣大的樹林，幾乎橫斷了整個河谷高原。我知道，在那片樹林的腳下，就是蒙古人稱為「額嫩額吉」——額嫩母親的那條大河。

初履此地的達娜、惠玲、還有我，在令人疲憊的七個小時車程之後，此時的情緒依然激動了起來，這可是成吉思汗出生的地點啊。據恩和說，從營地就能清楚地看見成吉思汗出生地的標誌，迭里溫孤山，因此愈接近營地，我們三個也愈緊張。儘管後背還有點兒僵硬，我還是勾著脖子東張西望，在一片蒼綠的風景中卻沒發現可供作地標的山巒丘陵，好像也沒什麼氣勢特別懾人人、一望而知的風水寶地呀？

但是這地方的確有獨特之處。草原翠綠翠綠的，依著初夏在土地裡落下的不同種子，各自染上了草花的白色、黃色、紫色，一路迆邐奔向天邊，或是爬上山坡。每家的羊都是撒開了一大群，紛紛離離，恩和一眼望去，判斷至少都有六七百頭。

我們在一處淺灘涉過了呼爾呼河，營地正在呼爾呼與額嫩匯流處東岸上，俯瞰著西方五六公里外賓德爾的人煙房屋。從西北方來的額嫩在此拐了個彎兒轉往東北前進。順著額嫩繼續往東北，這一路是鐵木真的十一世祖、孛兒只斤氏的始祖孛端察兒的活動範圍，可進入俄羅斯西伯利亞；往西北溯源而上，則通往肯特深山中的三河源頭，直到當年庇護鐵木真的聖山不兒罕。(2)

我們的營地名稱是Chinggis Toonot，toono（т）是蒙古氈房上的木圈頂，因此這個名字的意思大致就是成吉思汗的家鄉營地吧。與所有的氈房營區一樣，這兒中央是一座供作餐廳的大氈房，兩邊是供住宿的一般氈房，也就是蒙古人說的六牆大小的氈房。然而，與我們住過的所有營地不同的是，上前迎接的除了工作人員，還有營地的老闆、來自烏蘭巴托的一對夫婦，鋼蘇和與斯仁罕。旺季已經結束了，我們是今年夏季最後一批住客。

身材健壯的鋼蘇和一肩扛起一個大背包，笑嘻嘻地不當一回事，送到了我們的氈房。妻子斯仁罕細心詢問我們這一路是否平安，趕緊吩咐了半夜裡再生一次爐子，好暖暖我的背。走到氈房門前，達娜忽然笑著轉頭，指給我看：「又是九號！」

(2)
鐵木真屬於孛兒只斤氏的副氏族乞顏氏。孛兒只斤氏歷來被稱為黃金氏族，因為自從成吉思汗建立蒙古帝國，直到二十世紀，蒙古的貴族除了少數之外，都屬於孛兒只斤氏，且大多數都是成吉思汗及其子弟後裔。

翌日，八月十一日，經過一夜好眠，我的背痛全好了，這正是此刻我最需要的，因為此行的重要任務才剛要開始呢。今天的目的地是附近額嫩河邊的幾個地點與遺跡，鋼蘇和與斯仁罕將與我們同行。

從在烏蘭巴托買到地圖以來，昨晚在成吉思汗營地，是我們第一次能夠仔細比對資料。達娜從家裡帶了一本達木丁蘇榮版本的《秘史》，幸好有她，認出了好幾個譯成英文對音的地名與部族名稱，我的疑難迎刃而解。這一趟旅行，在營地的夜裡，甚至在車程上，我倆經常各抱著一本不同文字的《秘史》，閒談討論。達娜跟我一樣，對於《秘史》史事的發生地點十分好奇，這也是她第一次來到肯特省。然而，我倆之間存在著最基本的不同：她是蒙古人，是成吉思汗所統一的氈帳中的子民，而我與北方游牧民族頂多只有極稀薄的血緣，在知識與興趣的好奇心之外，她勢必比我多了血胤相傳、與生俱來的虔敬。

我們在這個營地將停留四天。雖然鋼蘇和夫婦及恩和都曾經去過我們即將探訪的地點，烏蘭巴托的旅行社依然安排了一位熟悉《秘史》的居民，額嫩巴雅爾先生，做為我們的嚮導。本來我們以為這樣的嚮導該是一位當地耆老吧，見了面才知道是三十歲左右的年輕人。今天晴朗無風，太陽曬得人很舒服。於是所有人就著營地大氈房外的桌椅，一面喝著蒙古奶茶，安排接下來四天的活動，在我的地圖上作了記號，並且補齊了之前兩天的記錄。

諸事齊備。我們一車七人，涉過營地坡下的呼爾呼河，往正前方約三公里處的額嫩河岸開去。

額嫩河蜿蜒浩蕩，在這個大轉彎上造成許多分流，渚清沙白，沙洲上樹林繁茂，如果是外地人，很容易轉了半天還找不到涉水處。賓德爾是額嫩河流出肯特深山之後遇見的第一個大型聚落，但人口也不過兩三千。可能正是因為人口少，還有蒙古傳統不得污染水源，河水清可見底。

我們在成吉思汗故鄉的第一個停留地點，卻不是他出生地的標誌，迭里溫孤山。一道正臨著草原的分流，有個安靜的小河灣，長著楊樹與紅柳，岸邊立著一座不高的敖包。在地圖上以及旅行社的介紹裡，這座敖包標示了鐵木真的父親也速該在額嫩河邊的營盤，鐵木真應該是在營地附近出生的。那麼，這座敖包也可視為一切偉蹟的起點了？

可是，在當地人眼裡，卻不是這樣的。他們管這座敖包叫「孩子的敖包」，這個天真爛漫的名字，紀念的不是額嫩河邊的少年鐵木真，而是鐵木真一生中最早的競爭者，也是在這裡被他一箭射死的異母兄弟，別克帖兒。

也速該死後，泰亦赤兀人帶領部眾離去，撇下鐵木真一家在額嫩河邊艱困求生，當時鐵木真大約十一、二歲，下有弟弟合撒兒、合赤溫、帖木格，幼妹帖木侖，還有異母兄弟別克帖兒、別勒古台，以及他倆的母親，也就是也速該的另一位妻子。別克帖兒可能與鐵木真同齡，甚至大一點兒，但是無法推知也速該的正妻到底是哪一位。

由於失去了牲口，這一家人只能以最原始的採集漁獵維生。《秘史》描述了母親訶額侖「沿著額嫩河邊上下奔跑」，採集野果山菜供家人餬口。

「美麗的夫人用野韭野蔥養育的強悍的兒子們，
成了不知畏懼的好漢，
成了膂力過人的丈夫，
成了鬥志高揚的豪傑。」

男孩子們雖然已經懂事了，但年齡尚小，可能獵具也不足，因此「他們說：『咱們要奉養母親。』就坐在故鄉額嫩河的岸上，整備了釣鉤，去釣有疾殘的魚。」傳統上，蒙古人沒有吃魚的習慣。由這件事可看出，這一家人的確極為困頓。

然而，就是從釣魚上起的禍事。異母兄弟連續幾次搶去了鐵木真兄弟的獵物，鐵木真與弟弟合撒兒向母親抱怨，卻遭到訓誡，警告正在需要團結的時候，千萬不可兄弟鬩牆。鐵木真兄弟二人不以為然，抽身走開，找到正在放牧那九匹銀合馬的別克帖兒，於是一前一後，一面抽出箭，一面慢慢包抄上去。

別克帖兒看見了，說的話裡沒有驚慌，而是與訶額侖夫人一樣的痛心疾首：「正受不了泰亦赤兀兄弟們的苦害，正在說誰能報仇的時候，你們怎麼把我當作眼裡的毛、口中的刺呢？在除了影子沒有別的伴當，除了尾巴沒有別的鞭子的時候，你們為什麼想要這樣呢？」

這也是《秘史》讀者的疑問。照《秘史》上看，不過是被奪去了一條漂亮的小魚，還有一隻射得的雀兒，何至於起了殺心？況且又是在家道艱難、需要男丁人手的時候？這種易怒、思慮不週、不顧大局，似乎並不是鐵木真的性格特徵。很多人舉此為鐵木真生性殘忍的證據，更甚者認為以日後蒙古軍西征攻城的慘酷來看，少年鐵木真會殺害兄弟，自不待言。

不過Jack Weatherford在著作中提出一種假設：別克帖兒的母親是正妻，鐵木真的母親是次妻。北方游牧民族並沒有嫡庶尊卑之別，但正妻有較大的權力，她的兒女也較受到重視，而且正妻的兒子可實行「收繼婚」，也就是將生母以外的次妻收為自己的妻子。

假設別克帖兒的確是正妻長子，在這種情況下，鐵木真首先要面對的敵人就不是泰亦赤兀人了，而是自家氈房裡，即將成年的異母兄弟別克帖兒。別克帖兒將會有家長的權力，可以分配財產，並且取走鐵木真的母親，鐵木真兄弟可能落得一無所有，無家可歸，甚至被驅出氏族之外，就像他們的先祖孛端察兒一樣。

如果這種假設成立，那麼《秘史》上隻字未提，可能因為「收繼婚」是當時蒙古社會的習俗，而且鐵木真一家的情況本就為眾人所知，畢竟《秘史》的作者是鐵木真的同時代人。

當時，別克帖兒說了那一番話之後，也不躲避，只是遺言「不要毀滅我的火盤，不要撇棄別勒古台！」說完盤腿坐著，讓鐵木真兄弟一前一後穿射而去。（3）

鐵木真犯了大罪，回到家裡，母親立刻察覺出兩個兒子臉色不對。她「搜尋著古語、引證著老話」，痛加斥責。這是《秘史》中一段很有名的話，有著彷彿鞭子一樣的開頭：

（3）
火盤就是火架、火盆，指的是家系傳承，這在《秘史》裡是常見的用法。蒙古人家中有一只傳家的火盤，祭火之時以此為之。蒙古傳統實行幼子繼承制，這一只火盤就傳給幼子，這是歷史課本上所說「幼子守灶」的蒙古傳統。

「禍害！
從我熱懷裡突然衝出來的時候，
你就生來手裡握著一個黑血塊！」

訶額侖夫人引用了各種衝動兇狠、殘害骨肉的動物為比喻，其中包括了「像那一動就袒護自己窩穴的豺狼」。以訶額侖之賢能，此語所指大概不只是那些小魚小雀兒等獵物，而的確是攸關家族繼承與地位的得失。（4）

至於夫人在這段斥責中流露的痛心、憤怒，背後可能更包含了恐懼。因為她知道，自己的兒子犯下手足相殘的大罪，與鐵木真家同祖的泰亦赤兀人師出有名，很可能即將前來討伐了。

果然，《秘史》上說，「就在那不久之後」，泰亦赤兀人的首領說：「雛兒脫毛了，羔兒長大了！」於是前來襲擊。這就是之前在第四章所述，鐵木真遭到俘虜為奴的開始，也是鐵木真一家離開額嫩河，避居闊闊海子的原因。

從鐵木真射殺異母兄弟這件事看起來，似乎少年鐵木真的個性衝動急躁，連母親都指責他「像奔向山崖衝撞的野獸一樣，像不能壓制怒氣的獅子一樣」。然而仔細看《秘史》對於此事經過的記載，鐵木真顯然蓄志已久，最值得注意的是，他不是在暴烈衝突中失手殺死自己的兄

（4）
母親訶額侖辛苦養育兒女，卷二第七十四、七十五節。鐵木真與別克帖兒的衝突，卷二第七十六、七十七節。母親斥責鐵木真，卷二第七十八節。

弟，而是很冷靜地與合撒兒合謀，迂迴包抄，甚至與別克帖兒有了面對面的對話之後，才將對方射死的。

我們的嚮導還有另一種「夾縫裡看文章」的觀點。銀合馬，或是另一種稱呼，黃驃馬，是古代可汗的駕乘，鐵木真家的銀合馬數目正好九匹，更代表了可汗大位，所以在《秘史》這一段，以及馬匹遭盜的一段，都暗示了鐵木真全力維護自己的身份，已經有了成為可汗的野心。以心理學來說，好像有道理，而且，當時蒙古人所熟知的象徵、隱喻，很有可能隨著時代改變而逐漸湮沒了、改變了。

他又說，人們忌諱成吉思汗所犯下的這件大罪，但是又要警醒後代，所以叫這是「孩子的敖包」，紀念當年這幾個孩子在此處的生活、衝突、死亡。

正午過後的陽光下，訶額侖辛苦奔走的額嫩河邊寧靜安詳，後方的村落就像每一個蒙古村鎮一樣，無聲得像是所有人都睡著了，只有很遠很遠的河岸上，有牧童們午間戲水的嬉笑。

按照古代習俗，當年別克帖兒的遺體應該是未加收殮，就這麼留在了原地，很可能就距離我們腳下的這個小河灣不遠。他念念不忘的弟弟別勒古台，成了鐵木真的得力幫手，有名的力士，營中第一的摔跤手。至於他倆的母親，後來與鐵木真的妻子孛兒帖一起被俘，配給了敵人，被救時不願以此身份與兒子相認，跑進了樹林，於是這位沒有留下名字的妻子與母親，就再也找不到了。

離開河邊，折回來，卻不是回營地。車從西往東走，我突然看出來，在額嫩河的河谷草原中間，有一道狹長的，略呈東西走向的山丘，東端靠近河谷邊緣的山坡，昨天來的時候沒發現，就是因為我們在河谷東岸，視線與這道山丘幾乎齊平了。但是現在從西邊看去，陡峭的西端在草原上顯得格外突出，看得見坡頂邊緣有幾方嶙峋大石。

我們的車從山丘東端的一條路徑往上走，然後停了下來。我已經看到，就在前面不遠，立著一根大約三公尺高的木柱，這是蒙古政府用來標示與成吉思汗有關的史實地點的。最後的幾步路，我們得自己走。

迭里溫‧孛勒荅黑，「迭里溫」是牛的脾臟，用以描述形狀，「孛勒荅黑」是孤立的丘岡。自從讀了《秘史》，幾年的時間，我總是在心裡描繪著這座孤山的突怒嶔然，尤其在看見了札木合的出生地之後，更加想像它的磊落森嚴。乃至於昨天傍晚已經行至這片寶地，居然一無所覺。

終於，跳脫了日復一日的生活，頂著長期短期的各種毛病，在多舛的計畫與旅途之後，我站在這座小山上。

我看看惠玲、達娜，都是肅敬的面容，而我在豁然開朗的微笑之下，卻更有股朗聲大笑的衝動。長生天在上！我終於領悟，過去我對成吉思汗鐵木真的認識是那樣謬誤！

蒙古是藍天之國，天似穹廬，然而站在這座高度只有兩層樓的小丘上，迴望四野，人在景中，卻更覺得是肯特汗山撐起了穹蒼。蒙古風景本就以「遼闊」一語形容最為貼切，肯特山下的額嫩河邊在遼闊蒼茫之外，多了一份豪邁熱情的壯美，彷彿長生天在此賜下了額外的寶藏：綿延的藍紫色大山下，讓額嫩母親滋潤的草海更廣袤，更蒼綠！讓無數草花流聚成河，猶如額嫩河水，往山坡上拍打！讓這兒的水土特別滋養，把羊群撒向天邊，猶如滾動的塔納東珠！

嚮導滔滔陳述著此地為鐵木真出生地的九項證據，然而我已經了然於胸，認定了這個地點無疑。這個地方，為《秘史》上的鐵木真做了一個有力生動的總結。到了這裡，我才真正了解，鐵木真能夠成為成吉思汗，就是因為他像這片土地一樣，寬廣、包容、充滿養分、生氣蓬勃。他讓人感到他能給予無窮的一切，他吸引所有胸懷大志、願意與所有人一同奮鬥、一同茁壯的英雄，他的胸懷與目光，永遠往更遠更遠的地方看，鼓舞著、滋養著他周圍的伙伴。《元史》太祖本紀謂其「深沈有大略」、「用兵如神」，那都只是蒼白的用語，一個沒有到過肯特山下草原的書生，是沒有辦法想像這種堅定不移的熱情與生命的。

六年前的旅程，我們不自覺地追隨著蒙古帝國擴張版圖的蹄印。我們的起點，在窩闊台汗營建的蒙古帝國首都，哈剌和林。從那裡，我才想起來，自己是反回去追溯蒙古第一次西征的路線，到了西伯利亞，俄羅斯，中亞的哈薩克，烏茲別克、也就是花剌子模國，吉爾吉斯，以及新疆。

這一次，走的依然是回溯的路線，從當選蒙古本部可汗，走回困頓的少年時期，成家立業的青年時期，最後，終於走到了額嫩河邊的迭里溫・孤山。這個地方，是一切的起點與終點，首尾相連，鐵木真在此出生，成吉思汗在此登基。

我再往前走，來到小山的最高一端，俯瞰著整個額嫩河谷。這兒天生有幾方大半個人高的花崗岩，歷來的朝拜者留下不少碎石塊。淺褐色的石堆上，處處有當作獻禮的奶酪，以及馬奶或酸馬奶灑祭的痕跡，還有牧民留下了蒙古馬的頭骨，上繫著天藍色哈達，在午後吹起的風中颯颯飛振。我們也在壇上加了新石塊，默默祝禱。

聖主成吉思汗，我沒有吉祥的九眼杓、灑祭的純白馬奶，也沒有象徵著蒙古子民的藍色哈達；我只是「城池裡的百姓」，一個書生、我有的，只是手中的筆。

蒙古九眼杓圖案

割草準備過冬。

達娜在旅途中翻閱《秘史》。（下圖）

額嫩河邊也速該的營盤，「孩子的敖包」。2006年。（左頁上圖）

經常得研究地圖。（左頁下圖）

肯特山間。

迭里溫孤山。

額嫩河邊。（上圖、下圖）

肯特山間。

額嫩河與肯特山。中間緩緩隆起的長形小丘就是迭里溫孤山，鐵木真的出生地。

迭里溫孤山。嚮導描述訶額侖半臥在地上的岩間，
生下了鐵木真。背後是白湖。

回望。

迭里溫孤山一帶的草原羊群。

第八章

額嫩河

自由，在草原上；
幸福，在草原上。

——蒙古諺語

成吉思汗鐵木真的出生地，肯特山前、額嫩河邊的迭里溫孤山，對蒙古人以及世界史而言，還有另一個重大意義：西元一二〇六年，鐵木真終於「綏服了所有居住氈帳的百姓」——蒙古高原上的各民族，召集大會，立起懸掛著九束白馬尾的九腳白旄纛，建號「成吉思汗」。

《秘史》上的大會地點，只寫了「額嫩源頭」，但是賓德爾的這個地方是最合理的推斷，因為此地是歷來草原牧民的重要遷移路線與牧場，正扼額嫩河上游離開肯特深山的出口，廣闊豐美的草原也足供如此豪盛的聚會。幾年前蒙古政府在此立了紀念碑，標誌了統一的蒙古國與蒙古民族之始；而八百年前的當時，蒙古高原以外的異族還懵然無覺，這是他們國破家亡的開始。

離開了蒙古建國紀念碑，車繼續往西不遠，我們看見南邊草原上好大一群羊，數量是歷來僅見，因此惠玲跟我下車取景。正當惠玲很不體面地趴在草原上拍照的時候，遠遠地從羊群之間走來一個深色的矮小人影，朝著我們愈走愈近，嚇得她連忙爬起身來。無論這位牧羊人是誰，眼力絕對比我們兩個好得多，所以絕對早已發現了我們怪異的行徑。

漸漸我才看清，來人是一位面帶笑容的老先生，胸前掛著一副厚重的蘇聯望遠鏡，那大概就是他在蒙古人的好眼力之外的附加工具了。然而更特別的是，他居然穿著整整齊齊的白襯衫，領扣直扣到最上一個，外面是一套深灰條紋西裝，只差沒有領帶了！雖然式樣老舊，看得出頗有年矣，但是穿著整套西裝牧羊，這可真是我所見過的第一遭。

大家打了招呼，老先生不無得意地宣布，他是從望遠鏡裡看到我們的。接著人人都很自然地在草地上坐下，略呈一個半圓，我想到從前章回小說上說的「坐地論事」，大概與此差相彷彿，只是想不到是在成吉思汗的故鄉啊。

老先生固然精神矍鑠，從他的打扮看起來，應該也是這草原上的富戶。果然這群羊一千頭有餘，是惠玲跟我至今所見過最多的，連我們的蒙古同伴也都頗為讚嘆。蒙古東北部這一帶，有許多布里亞特蒙古族居民，其中不少是在外蒙共黨革命之後，才從西伯利亞遷來額嫩河流域定居。在成吉思汗的時代，布里亞特是西伯利亞南部針葉林區眾多的「林木中的百姓」一支。達娜曾經轉述老一輩人的說法：喀爾喀蒙古人與布里亞特蒙古人的臉相不同，後者臉形較長，顴骨較圓，據此看來，這位老者應該是布里亞特族了。

老先生得知我們是來探訪成吉思汗的史實的，於是說起距離迭里溫孤山不遠的白湖。他描述當年成吉思汗在此立起金撒帳，大開宴會，弟弟別勒古台、有名的力士，一時興起，獨自扛起裝著千斤酸馬奶的木桶，一路從額嫩河邊走到了當時還是普通水色的小湖裡，把白色的酸馬奶全漏在湖水裡，才從另一頭上岸，讓大家找不著蹤跡。從那以後湖水就是白色的了，一直到現在。

可能讓《秘史》的讀者感到驚訝的是，額嫩河並不列名蒙古的前三長河之中，甚至還趕不上第五名的土拉河，肯特山也遠遠不是蒙古最高的山脈，但是蒙古人對於這鬱鬱蒼蒼、浩浩湯湯的大山大河，有極深的孺慕景仰之情，彷彿所有蒙古人的魂夢，終將歸於此處。至於那些有幸生長於斯的人們，似乎更比別處多了一份自豪的神采，也總有些故事可說。

聽了這個故事，我不禁微笑。在這成吉思汗的出生地與蒙古帝國的奠基地，這位老先生述說的卻不是可汗的事跡，而是另一位也讓蒙古人感到親近的人物，摔跤力士別勒古台，而且這個傳說的來源與《秘史》似乎也有關。書上講到，鐵木真當選為蒙古本部的可汗後，在額嫩河邊的樹林裡飲宴。會上主而乞人與鐵木真這邊的人起了嫌隙，為難別勒古台，與他搏鬥了很久，撕掉了他的右邊袖子，還在肩上砍了一刀。別勒古台顧全大局忍讓勸解，但是鐵木真依然動怒了，自己動手打了惹事的主而乞人一頓。在我想來，這個白湖的故事，也許就是此地牧民不知不覺傳說出來，給別勒古台出氣的呢。(1)

(1)
宴會上與主而乞氏的糾紛，《秘史》卷四第一三〇至一三一節。後來別勒古台的報復，第一四〇節。

事實上，關於鐵木真出生地點的探訪，並未到此結束，因為迭里溫孤山的地點，官方說法居然有兩種。似乎大多數學者相信是在賓德爾的迭里溫孤山，但是我手上的三種國外出版的英文導遊書裡，介紹的卻是另外一處，在賓德爾東北方大約一百公里外，接近蒙俄國境的達達勒。

因此達達勒還是要去的，這樣我們的成吉思汗與《秘史》旅行才算圓滿，何況沿路風景極佳，值得花上許多時間遊玩。按照計畫，我們以八月十二日一整天，做一次來回行程。

這次增加了兩位同伴，一位是營地老闆鋼蘇和的本地朋友，阿木格藍。他是肯特省有名的獵人，所以我們的車上除了釣竿，還多了兩桿獵槍，天上飛的地上跑的水裡游的各有應用，頗有點勢在必得的樣子。八月及九月是獵土撥鼠的季節，一是因為秋季的土撥鼠最肥美，二是此時鼠疫的風險最低。鋼蘇和他們打算在乘車出遊之際，運氣好獵一隻回來，做成霍爾霍格，也就是傳統的罐燜燉肉，大夥兒共享，據說非常好吃喔，達娜不忘強調。這道蒙古佳餚我跟惠玲六年前早已耳聞，今天似乎有望一嚐，更加為之垂涎。

另一位是營地的大廚，尼木夫。他曾在烏蘭巴托的餐廳掌杓，經常有些別出心裁的菜式，這兩天光是他的自製麵包，就已經讓喜愛烘焙的惠玲興起拜師的念頭了。他與我們同行，是因為老闆娘斯仁罕看早晨天氣有點兒陰，擔心天涼了，我們在路上野餐吃涼的食物，肚子會不舒服，所以讓他帶了炊具，如果天氣沒放晴，就當場加熱現做現吃。

於是，就在八月十二日，我們「吉慶的九人」，加上瓦斯爐具鍋碗瓢盆、眾好漢的釣具獵槍、遠遠超過九人份的吃喝零嘴兒，紮紮實實裝滿了這輛休旅車，趁早往達達勒出發了。

從賓德爾往東北方的達達勒，雖然是順著額嫩河的方向前進，但路線並不在河邊上，而在河流東岸的山間高原上。從這裡往北翻過一道山脊，就是真正的西伯利亞針葉林帶，許多森林中的溪流，順著山溝流到這一帶的山間高原，沿著道路匯聚成一個個小湖。

由於有可供棲息覓食的小湖，而且少有人煙，這裡聚集了不少候鳥。我們看到了連在西部山中也沒見著的丹頂鶴，以及數量龐大的灰鶴群，每對鶴夫婦簇擁著自己僅有的一兩隻寶貝兒，非常可愛。遠遠湖上漂浮的一葉葉雪白是野天鵝，周圍夾雜著體型小得多的灰色野鴨，則是訶額侖母親斥責鐵木真時所說的，「趕不走幼雛就吃掉牠們的鴛鴦」，從惠玲的長鏡頭中望去，比漢地的鴛鴦大，毛色也不顯眼。

與獵人阿木格藍同行的好處之一，就是他的眼力神兒比我們任何一人都好得太多！在他先知先覺之下，我們還看到了路邊岩上棲息著一頭極為罕見的蘆花海青——白底淺褐斑的獵隼，這是歷史上的名鷹、古代契丹與女真人最重視的白爪海東青；牠聽見了車子的動靜，拍翅一飛而去。

據恩和及嚮導說，這一帶是成吉思汗時代有名的戰士，忙忽惕族人的牧地。這兒現在有幾家牧民，都有很大的馬群，自由徜徉。惠玲一直希望拍到萬馬奔騰的照片，現在終於遇見了從未見過的大量馬群，又是在這蒼綠的山間高原上，背景單純優美。可惜這些馬不太合作，惠玲舉著相機慢慢接近，牠們繼續低頭吃草，一面若無其事地緩緩移開，總是保持著安全距離。

我正打算建議從另一邊迎著馬匹兜回來，透過長鏡頭看著馬群的惠玲突然低聲用氣音對我跟達娜說：「狡猾的馬！牠們在偷瞄我！」

達娜聞言微笑，我更是差點哈哈大笑起來。「還不是因為你在看牠們，才知道牠們也在看你？」

「那不一樣。牠們是假裝不看我，其實在偷瞄打算溜走。好奸詐！」

哈哈，那幾匹在草地上打滾嘶鳴的馬，該不是聽見了惠玲的評語吧？

沒辦法，這一大群「狡猾」的馬愈走愈遠，我們幾個也不敢上去隨意驅趕，只能看著牠們安然漫步，走上山坡去了。

《秘史》上有件令人難忘的事，很可能也是在這一帶的額嫩河谷發生的，就是鐵木真的父親也速該娶訶額侖夫人的經過。

蒙古雲紋圖案

那時候，蔑兒乞部的也客赤列都，從斡勒忽納氏娶了妻子訶額侖，正在往西回色楞格河的路上。也速該在額嫩河放鷹行獵，看見了車上那位容貌特別美麗的貴夫人，就趕緊回家帶著哥哥與弟弟，追上來了。

赤列都發現不妙，催馬引著那三人繞過山岡一圈，又回到車子旁邊來的時候，訶額侖對他說：「你看出來了嗎？那三個人臉色不對，是要害你的性命啊。每輛車子的前沿上都有閨女，每輛黑車的篷子裡都有貴婦。如果你的性命得以保全，一定還能得到閨女與夫人！你可以把另一個人再叫做訶額侖！你快逃命，聞著我的味兒走吧！」說著脫下自己的一件上衣給他。赤列都才接過來，那三人已經追上來了。於是赤列都趕緊催馬，逆著額嫩河，急急忙忙走了。

訶額侖的智慧決斷，在這第一次上場的危難之際，顯露無遺。然而接下來當她真正落入這些陌生人手中的時候，她的泣訴卻令人鼻酸；《秘史》形容，她的哭聲「把額嫩河水都震起波浪，把山谷森林都震出回音」：

「我的哥哥赤列都啊，逆著風，飄散著頭髮，在曠野裡餓著肚皮，現在怎麼樣了？好像髮辮一個垂在我的背後，一個垂在我的胸前，一個向前，一個向後。我這是幹什麼去啊？」

二〇〇六年，我重返額嫩河的時候，一位同行的阿姨讀到《秘史》這一段，忍不住抹著眼角。也許，正是為人妻、為人母的女性，更能體會其中的苦楚吧。（2）

（2）
也速該娶訶額侖的經過，卷一第五十四至五十六節。

一百公里的路程，我們走走停停花了三個小時。到了達達勒，先去三湖邊的紀念碑。這座建於一九六二年的成吉思汗八百誕辰紀念碑是白色的，呈山峰狀，高度約六公尺，隱藏在一座天然針葉林後。林中的涼風與松濤，隱約有北國的氣息。

以我的看法，這座紀念碑與其說是標示了他的真正出生地，還不如說是紀念蒙古人維繫民族尊嚴的努力，紀念蘇聯時期的蒙古人對蘇聯的無形反抗。此外，中國在一九五四年將成吉思汗陵從青海遷回內蒙的鄂爾多斯，繼續祭奠不絕，對於外蒙人民可能也是一種刺激。這座紀念碑，完全出自當時蒙古共產黨中委會的一位高幹，特木爾敖其爾的私下行動。選在達達勒，一方面是取其地點偏遠，避人耳目，另外也有人說，因為他的母系家鄉就在達達勒，難免有攀親道故的意思在內。

我們九人在紀念碑前的圓形空地擺了姿勢，拍了一張或坐或臥、或雙手扠腰、或隻手扶胸作拿破崙狀、而且所有人還不往同一個方向看的團體照，於是大功告成，轉往此地的那座「迭里溫孤山」。

達達爾距離肯特山及額嫩河都有一大段距離，地勢是平坦的草原上起伏著綿延的丘陵。就在最高的一座丘陵上，有一塊石碣，是一九九〇年、《蒙古秘史》成書七百五十週年的時候立的。

站在這座小山上，往四周一看，是層巒起伏的小丘、平地與森林，看不見額嫩河，因為額嫩河還在東邊的一道山脊外。北邊遠方的山脈較高大，目光所能及的最遠處是與俄國的界山，距此不到五十公里。

這個地方除了不符合《秘史》的地理描述與史實推論之外，也無法讓我感受到應有的震撼。但是風景頗有可觀，尤其在這晴朗的夏末，高大蓬鬆、明暗相間的白雲在深邃藍天上緩緩飄航，還有茂密的森林，讓惠玲跟我都想起了俄羅斯。說不定，也是因為這種異國的聯想，讓我們下意識地排拒了鐵木真出生地的可能性。

石碣下有座敖包，我們加了石塊，感謝長生天護佑，自己終於來到了此行路線的最遠一站。

在一處小溪旁的柳樹下，我們擺開足有兩公尺長的午宴。天早已晴了，也就不用勞煩大廚尼木夫為我們現做餐點。其實，從營地帶來的炒麵、炒飯、夾肉火燒等主食都放在保溫盒裡，現在還是暖的呢。冷盤則是我最喜歡的包心菜沙拉、俄式沙拉、好幾種臘腸、自製麵包，幾個暖瓶裡分別裝了湯及奶茶。

我們在蒙古，經常得在旅途中停車用餐。讓我感到有趣的是，無論是上次的司機那桑，或是這次的恩和，還有今天一起出遊的伙伴們，只要天候許可，他們對於野餐地點絕不妥協馬虎。即使停留時間只有三十分鐘，吃的只是早晨離開營地時準備的火燒甚至泡麵，也一定要找個風景佳、地勢好的地方，鋪排開來，大夥兒從容享用。吃完了，可以自然消解的剩飯放在野地裡，垃圾則全部收好帶走，一點兒不留。

惠玲說的對，蒙古人生長在這樣美麗質樸的環境裡，他們還記得祖先的規矩，他們也更能由衷欣賞生活中、自然中的美，毫不勉強，這就是他們的生活方式、民族氣質。只見鋼蘇和舒坦得索性在墊子上側臥了下來，喝著奶茶，摸摸肚子，還一面嘆著氣：「真舒服啊！」大夥兒都贊同地大笑了。

這次與從前在途中的短暫午餐不同，還有點時間讓眾位好漢打了個盹兒才出發，先拜訪了一位布里亞特族的老獵人，然後往回程走。

回賓德爾的路上，我才發現，這車「獵人＋釣叟＋攝影者」的組合，實在是行車一大阻礙，因為這每一種人都可能不時喊一聲：「停車！」

同樣一條路，我們回來的時候足足多走了一小時。其中包括了所有人下車欣賞風景的時間（恩和：「這裡很美！」），惠玲拍照的時間（「鶴！」「馬！」「夕陽！」），獵人阿木格藍望見獵物等待機會的時間（獵人：「噓！有一隻！」 惠玲／達娜／我：「哪裡？」），而且都還不止一次。很可惜，雖然獵人跟鋼蘇和都發了幾槍，卻沒有收穫。事實上，以這大說大笑還播著蒙古歌曲的一車人，我根本懷疑沿路方圓一里內的土撥鼠早都聽見我們了，哪隻不趁早開溜，還等著成為我們的盤中飧呢。

在距離營地一小時車程外的額嫩河，總算輪到恩和出手了。他跟鋼蘇和、阿木格藍知道一處河灣，經常可以釣到魚，於是達娜跟我們兩人都下了車，跟著走去。斯仁罕與大廚則不慌不忙地重新鋪開野餐墊，擺上火燒與餅乾，倒了奶茶，準備順便讓大家欣賞黃昏景致，一面用下午茶了。惠玲忍不住感嘆：蒙古人會享受！

蒙古的河是激流湍急的大河，因此他們用的是甩竿，將魚鉤遠遠甩向河心，然後穩穩收線。時近黃昏，但是沒起風，他們釣得很順手，不到半小時，每人就各得了一條五六十公分長的大魚！本來我們跟達娜還以為理應如此，彷彿額嫩河裡的魚多得用杓子就能舀起來，可是恩和他們興高采烈，感謝我們運氣好，才能這麼順利；要說最極端的例子，他們還接待過一位德國來的釣客，兩個星期裡一條魚也沒摸著！事實上，如果不到四十公分長的魚，他們還嫌小呢，得放回河裡。這是蒙古人自動自發的保育作法。

我們三人細看這些銀白色的魚。這種魚分類為鮭科，細鱗魚屬，從背脊往下是漸淡的灰色，身上隱約有相間隔的七條灰色直紋，還有疏散的灰色細點。在黃昏的額嫩河邊，我們都感到歷史的古老與奇妙，因為在《秘史》上，少年鐵木真與兄弟在額嫩河裡釣來奉養母親的，就是這種魚。

有了這三條魚，算是給今天的快樂出遊錦上添花了。我們一路聽著恩和心愛的錄音帶，先是歌聲優美的斯仁罕開始跟著唱，有我最喜歡的女歌唱家圖門登布日勒唱的「清澈的塔米爾河」、「土拉河的流水」，家喻戶曉的「晴朗春夜的隨想」，蒙古人都能朗朗上口，連我跟惠玲也能跟著哼。等到播出流行的男女對唱曲「幸福的一對兒」，已經全車歌聲震天啦。大夥兒正是在自己的歌聲中，得意洋洋地開進了賓德爾的「市街」中心，直開到獵人的家門口，絲毫不以為怪。

回到額嫩河對岸的營地，天差不多黑了。沒有土撥鼠，不過，我們的鮮魚排與鮮魚捲餅（是的，那三條魚都成了「我們」的魚），今晚就可以上桌囉。而且，鋼蘇和得意地宣布：還有獵人昨夜打來的羚羊肝！（3）

蒙古雙魚吉祥圖案

（3）這一帶的羚羊不在保護區內，獵人並未盜獵或濫捕，一年的獵季只有秋季，給親友加菜用。

成吉思汗登基紀念碑。
司機畢力格獻上祭品。2006年。（右頁上圖）

穿著西裝牧羊的老者。（右頁下圖）

達達勒的迭里溫孤山。（左頁上圖）

達達勒的成吉思汗八百誕辰紀念碑。（左頁下圖）

九尾白旄纛。

摔跤手與裁判。（左上圖）
老獵人傳授心得。

肯特山間。

很自然地坐地議事。
勇渡額嫩河。（右上圖）

野餐。

恩和釣得的細鱗白魚。當年鐵木真兄弟在額嫩河裡釣的也是這種魚。

額嫩河。

肯特山間。

第九章

起點與終點

如果擔心結果，就不要去做；
如果去做，就不要擔心結果。

——蒙古諺語

八月十四日，是我們在成吉思汗營地的最後一天。計畫中該去的地點，都已經完成了，今天只在營地附近健行。我們跟著鋼蘇和一家四口，往營地東邊走，然後路徑繞過來，攀上了營地右後方的一座山崖。

這兒是河谷南岸的最高點，崖上立著一座敖包。祈禱之後，我們又照著這幾天養成的習慣，「坐地論事」。

蒙古雲紋圖案

不過，這次我們聊的並不是成吉思汗或《秘史》的故事。也許因為這座山崖俯瞰著整個額嫩河谷，包括我們的營地，鋼蘇和很自然地聊起了他們夫婦倆的創業經過。他倆家在烏蘭巴托，本來妻子斯仁罕是律師，而他自己由於水力發電工程師的工作，經常在肯特省的山林草原上活動。他覺得賓德爾跟別處比起來，與眾不同，因此愛上了這個地方。

在這裡，他才聽說了迭里溫孤山的地點。於是幾年前夫妻倆決定創業，向政府租下了這塊地，建了成吉思汗營地。旅遊營地的營業季節從五月到八月底，偶爾冬天也有旅客。在這些季節裡，他們一家四口大部分的時間都待在營地，夫妻倆一向親自接待旅客；特別受過語言與禮節訓練的女兒現在讀初一，在營地餐廳端盤子；讀小學的兒子還沒有參與工作，不過跑跑腿很勤快。

這兒是他們的事業，但也是他們在草原上的家，這是都市裡的蒙古人最羨慕的。達娜總是說起「草原上」：親戚從草原上帶來的酸乾奶與奶酪最好吃，草原上的蘑菇得很幸運才能找到，都市人總是想念草原上的酸馬奶，當然，身體不舒服的時候，到草原上住一陣子就是良方。即使這些蒙古人都已經是第三代的都市居民，但草原才是他們的理想。

鋼蘇和問我們，這麼走了一趟，兩處的迭里溫孤山都去了，有什麼看法？

我看看達娜，她知道我跟惠玲的意見。每晚回到營地之後，我們三人總是舒適地坐在自己的氈房裡，一面喝茶，一面聊天。

我告訴他：「我相信成吉思汗的出生地是在這個地方。」

我接著解釋，之前的巴顏郭勒營地旁有座山，氣勢不凡，當地人傳說是札木合的出生地，當時我很好奇，不知道迭里溫孤山這一帶能否壓得過去。等到了這兒一看，北憑肯特汗山，南臨額嫩河與支流，草原無垠，氣象恢弘，才算是鬆了口氣。鋼蘇和與恩和都若有所思，贊同地點頭，雖然蒙古沒有類似中國複雜的勘輿之學，但一地有一地的靈氣，遭都市羈絆未久的蒙古人，大概更能體會。

鋼蘇和說，他的心願，就是讓所有人知道這個地方，肯特山下、額嫩河邊的迭里溫孤山，讓大家都能欣賞，成吉思汗出生的地方這樣美。

蒙古人關心的是成吉思汗的出生地，但是很多外國探險家與考古學家執迷的，似乎是成吉思汗的葬地。這幾年有幾個考古隊伍，幾乎都是日本人與美國人，在外蒙做過探勘，並沒有結果。我們去迭里溫孤山的那一天，嚮導說他認識一位老人，自稱知道確實地點，在肯特山裡，有兩天路程，問我跟惠玲是否有興趣。

當下我就搖頭。我請達娜告訴他，既然成吉思汗遺言不示葬地，那麼我們就不該去；既然是被隱藏的，後人就不該去找，也不該被找到。

達娜也同意。她說，對於尋找成吉思汗陵墓這件事，蒙古人普遍有很不好的觀感，以蒙古人的口頭傳承與記憶方式，現在很可能依然有人知道地點，但是探勘隊恐怕很難得到這些人的合作。

二〇〇六年，我們重返額嫩河，再度前往賓德爾西方山中的一處墓葬。合作發掘的蒙古及美國考古學者斷定，這處墓葬與碉堡年代是八世紀至十一世紀，契丹到蒙古帝國初期，而且是蒙古帝國的秘葬與儀祭地點之一。這次同行的是鋼蘇和的哥哥，鋼博德。他轉述傳說，認為全蒙古有七個類似的地點，其中最重要的就是成吉思汗的葬地，當年守衛的兀良哈人父死子繼，地點永不洩露。有些蒙古人相信，在成吉思汗的地下墓穴裡，有一座八百年來始終旋轉的王座，象徵著他在死後依然夜以繼日守護蒙古人民。只有當振興蒙古的明主重臨的時候，成吉思汗的王座才會永遠安息。

我們登上山崖的這一天，沒有夏季的高溫，也沒有初秋的北風。天朗氣清，坐在崖邊的山石上，可以一路望到眼力所不能及的地方，長雲蒼山，四野無涯，額嫩河在腳下畫出一道極美的圓弧，往東流去。

我們就在午前的陽光下，每人各踞一石，靜靜欣賞這片當年成吉思汗也曾眺望過的景色，看了很久。

八月十六日，原本預訂早上九點離開，可是我們拖了一小時。每個人的眼睛都有點泛紅。大廚還送給惠玲一個她最愛吃的布里亞特大麵包。斯仁罕對恩和說，今天的路程快，這麼早走做什麼？吃了午飯再出發不好？昨夜鋼蘇和還去釣了魚呢。

分離捨不得，但是我知道自己會再來。臨走以前，我一個人帶著一束已經乾燥的草花，從營地往下走，來到呼爾呼河邊。

這一束花，有這幾天在草原上隨意採來的，還有之前在烏蘭巴托去看達娜父母的時候，在夏屋後的山上採來的薄雪草，又稱小白花。達娜的母親，在六年前我們離開蒙古的時候，讓我們一人喝了一碗新茶，祝福遊子平安歸來；六年後，我們果真回來了。所以這次出發往肯特山的時候，我帶著夏屋附近的小白花，彷彿是一種紀念與祝福。

那天在迭里溫孤山上，嚮導告訴我們，傳說中，鐵木真的母親訶額侖正是在草原上收集這種小花的時候，臨盆了。當時我不明白，收集這種小花有何用處。嚮導解釋，它乾了的花蕊可以當作生火的火絨。這下我總算了解，為什麼這種生長在歐亞溫帶山區的青白色小花，又叫做高山火絨草。

現在，我要離開額嫩河了。感謝天地山川護佑。我把這一束火絨草、與訶額侖母親及聖主成吉思汗的傳說有關的小花，擲向河心，讓水帶著它們，流進額嫩河。

我們的回程並不走原路，而是從𡼞德爾往西南，到德勒格爾汗縣境內，《秘史》中稱為「闊迭額——阿剌勒」，「平野中的島嶼」的地方，目前有日本的考古學者在此挖掘。

成吉思汗去世後，西元一二二八年，所有蒙古貴族在此舉行大會，奉窩闊台為可汗。此外，與我們這次行程最有關的，就是《秘史》最後一節寫明了，這本蒙古族的第一本文字史記，是在此處完成的。

我們投宿的營地，與這個古代地名相同，在遺址西北方大約十公里處。雖然抵達的時間還早，不過下午四點，但是恩和跟我們決定，今天不外出了，好好兒休息。

這一帶仍在肯特省境，位於南邊平原上，夾在克魯倫河與支流阿巴爾格河之間，在古代必定水草豐美，可是現在看來，漫漫黃土之間夾雜著稀疏細草，比起前幾天的額嫩河谷，實在讓人感到衰頽。我們也就沒有什麼興致，趁著其他住客都還沒回來，就先洗浴用餐，然後各自回氈房去了。

也許因為此地比較乾熱，多了不少飛蟲。有幾隻沒見過的黑色小甲蟲，身長大約一公分，出現在氈房地上或几上，緩緩爬動。不過牠們似乎並不螫人，拍死了好像也沒有什麼異狀，所以我們並不在意。在蒙古草原上，連可能爬進耳朵的虱子我們都頂過來了，這幾隻無害的小黑蟲有什麼好擔心的？

我們三個依然一面聊天，一面整理在額嫩河的記錄，這陣子幾乎每天早出晚歸，很少有這麼空閒的夜晚。附近幾個氈房住的是考古隊的日本女研究生，吃完飯後就早早熄燈睡了。

就寢前，惠玲按照習慣，揭開床上的毯子，檢查被褥。她帶了兩瓶天然樟腦油，如果需要，可以噴在床上驅蟲。

才一翻開，她就一聲尖叫：「有蟲！」

「趕走就好了嘛。頂多再噴點樟腦油。」我覺得惠玲大驚小怪。在巴顏郭勒營地，那些人畜無害的五彩斑斕大蚱蜢，我看著覺得很可愛，卻讓她頻頻慘叫。

「有好幾隻！」

我跟達娜也緊張起來了，把自己的床檢查了一遍，果然發現幾隻小黑甲蟲躲在毯子下，或是床縫裡。抓走了之後，惠玲幫我們把床具都噴上樟腦油，這樣應該就不敢再來了。

正翻著被子，居然又一隻黑色甲蟲，無聲無息地落在我那潔白的床單上，蠕蠕爬動。我驚訝地抬頭細看，發現是從氈房頂杆與氈子之間的細縫掉下來的。

「掉下來更多了！」達娜轉頭看看自己的被褥，也一聲驚呼。

「我可不想去翻。」我仰著頭，退了一步，往中間靠，盡量離頂杆遠些，同時還得注意別張著嘴。一頂氈房大概有兩百根頂杆，最好不要去想每一根杆子下藏了幾隻。而且我怎麼覺得頭頂上有點叮叮咚咚的怪聲？

就這麼一抬頭，我們每個人心裡一沈，頭皮發麻。氈房中間掛著的那盞燈泡，吸聚了七八隻黑蟲。我所聽見的聲音，就是牠們飛行撞擊在燈泡上的磕碰聲。

難怪那些在這裡待了一個夏天的日本人這麼早就熄燈！

惠玲呼地蹲下身去，捏著地上鋪的塑膠墊一角就往上翻，一打開，又有幾隻見光的小黑蟲匆匆爬走。我趕緊阻止她。看來這種黑蟲喜愛黑暗隱蔽的地方，墊子下一定非常、非常多。「要是下面密密麻麻不把你嚇死？」

「那怎麼辦？多踩幾腳？」說著，惠玲穿著拖鞋的兩腳在地上碾了碾，塑膠墊正常的嘎滋嘎滋擠壓聲，此時讓杯弓蛇影的我們三個面面相覷。

頭上，有很多很多，腳底下，有很多很多，床裡頭，恐怕也是很多很多。更可怕的是，外頭還有更多更多，一心想進來……。

「我覺得好像X檔案。」惠玲說了這麼一句不算，還要加註：「就是有一集那個樹幹裡有

N多綠色蟲的——」

「知道了知道了！」我抱頭。

「請營地的人來吧。」還是達娜反應快。這玩意兒看起來不是一天兩天的事了，當地人應該有方法。

方法果然有，是一具家用吸塵器。

一見之下，我並未感到受了解救的雀躍，卻隱約有點不好的兆頭：這蟲子果真多到這地步，饒是這麼對付還殺不完啊？

工作人員把吸嘴對準了氈頂，噗噗猛吸，墊子也都盡量翻開來吸，惠玲探過頭去看了一眼，從她抿著嘴的蒼白臉色看來，我的預測果然是對的。

吸塵器斬獲甚豐，軟管沙沙直響。本來已經睡下的恩和也起來了，過來看看到底什麼大事。這時候，只聽得外面傳來一陣啪啪悶響，附近氈房裡的大陸旅客連聲咒道：「打扁你，我打扁你！」比拍蟑螂還來得激動。

好一個熱鬧的草原之夜。

營地人員說，這種蟲是兩三年前才從南方來的，特別喜歡乾熱的天氣。這一帶入夏以來，已經兩個月沒下雨了，因此更加欣欣向榮。

這麼一折騰，已經夜裡十一點了。為了預防更多黑蟲出現，我們請營地人員拿塊乾馬糞來，放在爐子裡，點起煙燻燻。本來他們有點猶豫，擔心造成一氧化碳中毒，不過我們說留一道門縫，應該可以了。於是依計而行。

惠玲在每人的床上甚至衣服上都噴了樟腦油，我們很快熄燈睡下。全身包得嚴嚴實實，連頭臉都蓋著毛巾。

這麼躺了二十分鐘，黑暗中，依然聽見不時有甲蟲掉落在几上與地板上，啪啪作響。我盡量不去想，蟲子既然能掉在那些地方，當然也能掉在我們三個的身上。

說到身上，我怎麼覺得身上的毯子愈來愈重、氈房愈來愈小了？

「這樣不行！」我豁然起身，不過沒忘記頭上得頂著毛巾。

達娜也坐了起來。「好像很悶啊。」

「我如果沒被悶死，也一定會熱死。」惠玲有氣無力說了一句。

我走過去把門縫推開了點，馬上感到新鮮空氣流了進來。達娜夾起馬糞放到門外，又問了一句：「現在怎麼辦呢，要不要再請他們來吸？」

三人也不敢開燈，默然半晌，我開口了：「算了，不睡了。」

惠玲跟達娜都贊成，這麼提心吊膽，反正也睡不穩。

就這麼，曾經在荒山野地裡倒頭就睡，曾經耳朵塞著棉花、在牧民氈房裡與小牛席地而眠，這一次，我們認輸了，心甘情願把自己的氈房讓給無名的小黑蟲。我們把椅子板凳排在房門前，然後每人裹著自己的睡袋，背靠背坐著，互相倚靠。

這也是難得的經驗啊，而且跟好朋友在一起，再怎麼悲慘可笑，也都有點有趣了。既然醒著，就得好好利用。我們拿出達娜的媽媽準備的奶油炸餑餑，配上熱茶，邊吃邊聊。

撐到天邊泛白，營區水銀燈上開了一夜舞會的大批黑蟲漸漸散去，我們認為安全了，才回房睡覺。達娜寫了張字條貼在門上，向恩和交代原因，告訴他我們得睡一上午。

果然，天亮了蟲就躲了起來，而且，說實話，這時就算有幾隻掉到我身上，我大概也不以為意了。營區的住客都起床活動了，只聽得腳步聲走到門前，停了下來，顯然是在研究達娜的字條，接著卻是中文咕噥了一句：

「好慘哪。唉，咱們快走吧。」

我聽見惠玲及達娜的方向分別傳來輕輕的笑聲，然後，就像所有吉祥的氈房一樣，歸於寧靜。

我們果然依言睡到過午才起來，廚房特地為我們留了午餐。吃飯的時候，惠玲問恩和，今晚我們三個可不可以借住在他車上。這倒是個好方法！恩和說沒問題，營地有守夜人，車停在門口，很安全。

終於解決了這件事，我們的心情很輕快。吃了飯，大家出發去參觀，包括考古挖掘的地點、以及《蒙古秘史》成書七百五十年紀念碑。

今天是個陰天，而且起了風。在往紀念碑的路上，環視四周，陣雲匝地，遠方有幾處已經可以分辨出白霧似的驟雨。十公里的路程，當我們來到紀念碑前的時候，狂風已經吹得人都站不住腳，連惠玲的帽子都給吹得滿地滾。

這座米白色的石造紀念碑高約三公尺，略呈正立方柱形，正面與背面較寬。正面刻著成吉思汗像，姿勢很像是蒙古草原上的突厥石刻人像，右手撫胸，左手自然下垂，握著一個卷軸，代表蒙古立國的人民編配與法律，也就是「青冊」。其他三面的下方是蒙古臣民與軍隊，四面上方都刻著古代蒙古各氏族用來分別牲口的烙印圖案。

這座紀念碑是由聯合國教科文組織UNESCO贊助建立的，時在一九九〇年。與成吉思汗時代的遺跡比起來，當然算不得古蹟，也沒有考古意義，但是我自從第一次見到了它的照片，就深深著迷。那是在黃昏的金色光線下，一位穿著蒙古袍的牧民，跪在碑前，閉目仰天禱告，他雙手捧著的天藍色哈達，在草原的風中倏然昇騰。

這座石碑紀念的並不是成吉思汗本人，而是《蒙古秘史》。但是對蒙古人來說，這個區別並不重要。看得出來，這幾年裡人們持續來此禮敬，在他們的撫摩祈禱下，成吉思汗像的長髯、雙手，已經有了明顯的潤澤痕跡。就在我們抵達的時候，正有一家開車前來的蒙古人，在大風驟雨之間，依然輪流以前額輕觸石碑、或是抵在碑上，同時雙手誠摯地開展平鋪在碑上，默默禱告。

這座碑，是這次《秘史》探尋的最後一個地點，對我來說，也是故事的起點。如果沒有這位不知名的作者完成這本書，流傳下這個草原的故事，那麼，所有人對成吉思汗、對他一生中的那些重要人物，就不可能有今天這樣的親近與認識。他只會是那些異族史書中所描寫的形象，一位偉大的征服者，而不會有人知道他曾經是個怕狗的小男孩，也不會有人知道，他曾為妻子伙伴落淚，曾經做錯了事，惹得母親動怒嚴責。

我們等這一家人差不多都祈禱完了，才走近石碑，仰頭撫觸。我覺得，也許這次的旅行，並不是讓我獲取一些額外的什麼，而是讓我把不知道從什麼時候就帶著的，終於帶到這裡，放下。又也許，當一切缺口都自然圓滿地補上的時候，就是這樣的不著痕跡。

這時候，草原上的落雷已經很近了，狂風驟雨讓人眼睛也難睜開，但是這不尋常的天氣，卻讓我覺得是一種回應。這似乎不是個最好的時刻，我也從來不是一個充滿哲思的人，我只感到坦蕩、平靜，彷彿我終於可以說：「我完成了。我來了。謝謝。」

蒙古金剛杵圖案

聽鋼蘇和說自己的心願。

Öglögchiin Kherem，蒙古帝國初期秘葬地點之一的挖掘圖解。（下圖）

達娜與蘊慈手中是好不容易撿來的乾馬糞。（上圖）

成吉思汗營地合照。2006年。（下圖）

Rashaan Khad，從石器時代到近代的石刻與岩畫遺跡。

來時路。呼爾呼河與成吉思汗營地。（前頁圖）

再看一次鐵木真的額嫩河與肯特山。

肯特山間的契丹墓葬。（上圖）

「闊迭額——阿剌勒」，「平野中的島嶼」，八百年前這兒很可能就是蒙古帝國軍隊的大本營。

《蒙古秘史》成書七百五十年紀念碑。
這場草原上的雷陣雨，是兩個月來的第一場雨。

後記

在一九九八年的那趟旅行之後，很多人問我一個問題：「你父母怎麼放心讓你去呢？」我通常的回答是，他們很開明，對我有信心。

其實我心裡想的是：因為我家的人都這樣嘛。

對於這種家族習性，我是到了大學畢業前後才領悟過來：並不是每家都這樣。我以這個傳統為傲，這就在我的血液裡。

從民國二十年九一八事變至今（現在二十五歲以下的台灣孩子誰還知道這個？），我的父系已經到處跑有三代了：爺爺奶奶與父親這兩代可謂「支離東北風塵際，漂泊西南天地間」，從關外到關內，沿途各省跑了一個半來回，甚至一路跑進了滇緬邊區，然後到台灣來。父親那一代長大了，各自想辦法出國唸書——我父親連打工都從美國西北部開了幾天的車到洛杉磯。唸完了書，與當時絕大部分的留學生不同，又回了台灣，回到台灣還是到處跑，於是連帶著我們一家也到處跑，直到現在。

我母親，在台灣定居的第二十一代，也很有闖蕩的本領。十來歲，就隻身到臺北半工半讀。年過半百，從來沒學過車，到了國外還能考上駕照，小車開上州際公路呼呼直跑。到現在，每當我坐在她開的車裡，都有種「是耶？非耶？」的夢幻感。

比起他們，我這實在算不了什麼，因為當時我已經是個二十來歲、有工作經驗的大人了。甚至我妹也可能比我厲害，她大學剛畢業就拎著兩個皮箱轉了三趟機到法國里昂，然後攔了輛計程車，去那個她自己早已聯絡好的語言學校。她不是法文系的。

我在台灣住過許多地方。我出生在宜蘭的漁村，十二歲以前，隨著父母在台灣搬過六次家，其中澎湖馬公就住過兩回，一共四年。小學六年，南征北討唸過四個學校，到現在我還沒認識誰打破紀錄。大約從一足歲開始，我緩慢地有了連貫的記憶，因此我漫長的童年與青少年時期，是離島漁村、樸實小鎮、混編眷村、山間農家、霸氣港都、現代臺北的組合。跟自認比我更有資格熱愛這片土地的人相比，我可能有更多的親身體驗與了解。比如，在澎湖我學會夏季裡漲退潮的時間；在眷村我見到此生第一座天主堂還有清真寺；還要感謝我的阿公阿婆，從水牛犁田到白米精製的每一個步驟，小時候的我都旁觀過。我沒有侷限於一地的羈絆，只有抽象的、廣大的歸屬感。

二○○四年，離開蒙古三個月後，十一月二十四日的晚上，我最後一次走出了預備拆遷的忠貞新村。如果講到一個「故鄉」，一個「家」，那麼大概就是那地方。不過，已經不再是了，再也沒有了。

在那一刻，我才知道自己從前的想法錯得離譜。所謂抽象的、廣大的歸屬感，只是幻覺；沒有了最後那一點根著的土地，記憶就會帶著苦澀，而我們這些人的最後一點土地，本來就不是我們自己的。

也從那時候起，我才開始了解，蒙古對我的吸引力，在文化歷史與民族民情的興趣之外，真正來自何處。

我羨慕蒙古人，羨慕他們的永恆。就像我在離開成吉思汗營地前一天，晚餐敬酒致詞的時候，我說：「蒙古人是幸福的，你們能夠眺望著八百年前成吉思汗的出生地，在當年他的同一塊牧地上放牧。」

可是，當我在二〇〇六年，第三次到蒙古的時候，這種信心卻動搖了。之前相隔的六年，與這次相隔的兩年，居然是這兩年裡的變化更大、更快。烏蘭巴托的天空總是灰撲撲的，讓鋼蘇和的兒子犯了支氣管炎的毛病，達娜說這幾年有氣喘病的孩子愈來愈多。哈刺和林的營地，從兩家增為十幾家，鄂爾渾河邊上滿滿都是。最讓我彆扭的是，在這兩年的時間裡，這些營地——包括肯特省的巴顏郭勒營地，不知跟哪個師傅學的，居然都不供應旅客奶茶了。誰能想像，沒有奶茶的氈房，住起來是什麼感覺？

因此，當我們終於回到成吉思汗營地的時候，我真有點害怕。擔心遠遠就看到營地上已經蓋了好大一棟水泥房子，跟哈剌和林一樣。

幸好，一切仍舊，一樣的熱情周到。當我看到氈房裡那一暖瓶奶茶，那真是最大的安慰。那時候，我才總算放下心，確定我寫這本書是沒有錯的。

不過蒙古的變化，並不全是這樣讓人錯愕擔憂。達娜是系上唯一能說英文與中文的老師，因此國際合作的學術計畫，都由她居中聯絡。在這兩年裡，系上接受國際贊助，有兩位來自紐西蘭的教授，與她一同工作，這讓她有了很多寶貴的新經驗。暑假結束後，她有兩個全額獎學金的機會，一個在中國山東大學，另一個在紐西蘭維多利亞大學，她說想聽聽我們的意見。

我們都建議她去紐西蘭，因為之前她已經在中國唸過書了，換一個地方，能學到不同的東西。達娜很高興，因為她自己也是這樣想。

「我一直覺得，我這一代人很幸運。我們不像社會主義時代，受到很多限制，也不是貧富不均的社會，窮人很難翻身。大家的機會都差不多，只要肯努力，就能學到東西。」

曾經有一次，達娜說過這些話，我很能了解她的意思。然而這一次，接下來，她有了新的、更進一步的想法：

「本來我做銀行學方面的專業，並不是因為熱情或興趣。我經常想，我可以為我們的國家再做點什麼，有什麼貢獻。」

「這次跟紐西蘭的教授合作，讓我找到真正的興趣。我決定去唸自然資源管理，我們這些年輕人要趁早站起來，保護蒙古，不能讓財團與政客掠奪。」

達娜的小弟，八年前還只是小學生，今年暑假已經高中畢業，以很高的分數考上了達娜的母校，也是她服務的學校，國立蒙古大學。他選擇的是環保工程學系，家人都很欣慰。

我把希望放在這一代的蒙古年輕人身上，希望他們能夠保護蒙古壯闊的大自然，延續蒙古人代代相傳的生活方式，那不只是一種生產手段或經濟型態，而是蒙古人之所以能夠成為蒙古人的原因。我從自己的經驗知道，唯有根著在那片永恆的土地上，蒙古人才能永遠流傳下記憶與文化，情感與尊嚴。

二〇〇六年十二月
臺灣・臺北

名詞對照表

1. 對照表的目的是幫助跟我們一樣，到《秘史》地點旅行的讀者，絕大多數都是一路上可能遇到的史地名詞，不過絕對不供作歷史專業研究使用。對音可能不太準確，請包涵。

2. 按照章節及出現順序排列，若是該名詞另有專章或更詳細的論述，則不列在第一次出現的章下，而是列在專章下。比如「孛兒帖」、「札木合」、「闊闊海子」、「達達爾」。

3. 每章原註中的蒙文名詞不在此重複。

4. 加註「《秘》」者，表示是札奇斯欽教授的《蒙古秘史新譯並註釋》書中所用的譯名。

5. 古代蒙古語與現代語發音有很大不同，在此使用現代發音。

6. 新蒙文中的「B/b」，按照慣例，譯成英文時，寫成「V/v」，但事實上發音並非英文的[v]音，而是將上下唇輕碰，並且聲帶振動，類似放輕放鬆的英文[b]音。

中　　文	蒙　　文	英 文 音 譯
第 一 章		
蒙古密史	Монгол ын нууц товчоо（簡稱 товчоо）	Mongol in nuuch tovchoo
肯特山	Хаи Хэнтий	Khan Khentii
額嫩河	Онон	Onon
也速該	Есухэй	Yesukhei
訶額侖	Өэлүн	Hoelun（h在現代語中省略）
鐵木真，《祕》帖木真	Тэмүүжин	Temuujin
成吉思汗	Чингис хаан	Chingis Khaan
第 二 章		
烏蘭巴托	Улаанбатаар	Ulaanbataar
奶油炸餑餑	боов	boov
土拉河	Туул гол	Tuul
哈達	хадаг	khadag
第 三 章		
哈剌和林	Хархорин	Kharkhorin
庫蘇古柏	Хөвсгөл нуур	Khövsgöl nuur
孛端察兒	Бодончар	Bodonchir
孛兒只斤氏	Боржигин	Borjigin
第 四 章		
闊闊海子	Хөх нуур	Khökh Nuur
巴嘎諾爾	Багануур	Baganuur
納察道爾吉	Нацагдорж	Natsagdorj
克魯倫河	Хэрлэн гор	Kherlen
肯特省	Хэнтий аймаг	Khentii aimag

中　　文	蒙　　文	英 文 音 譯
第 四 章		
桑沽兒小河	Сэнгур	Sengur（今名 Tsenkher）
羊踝骨	шагай	shagai
蔑兒乞人/部	Меркид	Merkid
者勒蔑	Жэлмэ	Jelme
塔塔兒部/人	Татар	Tatar
泰亦赤兀氏/人	Тайджиуд	Tayichiud
銀合馬	шарга морь	sharga mori
孛斡兒出	Воорчи	Boorchi
第 五 章		
呼爾呼河	Хурахын	Khurkh
巴顏郭勒	Баянгол	Bayangol
乞顏部	Кият	Kiyat
客列亦部	Кераит	Kherayid
脫斡鄰勒汗（王汗）	Тогоринл (Он-хан)	Toorinl (Ong Khan)
乃蠻部	Найман	Naiman
札木合	Жамухэ	Jamukha
巴勒只河	Балж гол	Balj
第 六 章		
賓德爾（縣）	Биндэр сум	Binder sum
兀魯兀氏，《祕》兀魯兀惕	Урут	Urut
忙忽氏，《祕》忙忽惕	Мангут	Mangut
速不台，《祕》速不額台	Субэдай	Subedai
布里亞特蒙古族	Буриад	Buriat
豁兒豁那黑	---	Khorkhurag
孛兒帖	Бортэ	Borte

10550

台北市南京東路四段25號11樓

大塊文化出版股份有限公司　收

地址：　市　鄉／鎮　路　段　巷　弄　號　樓

縣　市／區　街

（請寫郵遞區號）

中　文	蒙　文	英文音譯
第六章		
朮赤，《祕》拙赤	Жочи	Jochi
察合台，《祕》察阿歹	Цагатай	Tsagatai
窩闊臺，《祕》斡歌歹	Өгөдэй	Ogodei
拖雷	Толуй	Tolui
花剌子模國	Хорезм	Horezm（英：Khwarizm）
巴米揚（古代史料：范延）	Бамиан	Bamiyan
第七章		
布爾干省	Булган	Bulgan aimag
迭里溫・孛勒答黑（孤山）	ДэлҮҮн Болдог	Deluun Boldog
第八章		
別勒古台	Бэлгутай	Belgutai
白湖	Цагаан нуур	Tsagaan Nuur
達達勒（縣）	Дадал сум	Dadal sum
土撥鼠（一名旱獺）	тарвага	tarvaga
霍爾霍格（燜肉）	хорхог	Khorkhog
鶴	тогоруу	togoruu
蘆花海青（獵隼）	цахир шонхор	tsakhir shonkhor
細鱗白魚	зэвээ	zevee（英文名 lenok）
第九章		
德勒格爾（縣）	Дэлгэрхаан сум	Delgerkhan sum
闊迭額－阿剌勒	Хөдөө Арал	Khödöö Aral
大會（忽里勒台）	хуралдай	khuraldai
青冊	Хөх Дэвтэр	Khökh devtep

推薦

我在《地圖上的藍眼睛》的「旅人星球」單元及附錄提供了大量蒙古歷史文化與旅遊資料，這兒只是一些補充，尤其書單是針對成吉思汗與《秘史》的。煩請讀者參看《地圖上的藍眼睛》。

推薦音樂網站

http://www.mongolculture.com/music/home/
選取左邊的「Zohiolin Duu」，就是外蒙的創作歌曲。
如果從歌手名字選取，可以找到第八章裡介紹的圖門登布日勒 Tumendemberel / Тумэндэмбэрэ，已去世的有名女歌唱家。

http://www.mongoliatourism.gov.mn/
蒙古交通與觀光部的官網，可以找到很多旅行社及活動的資料。

這次承辦《蒙古秘史》之行的當地旅行社

Intourtrade Co., Ltd
Room 308, Baga Toiruu 64,
San Co. Building
Ulaanbaatar-38
Mongolia
e-mail：info@intourtrade.mn
Fax：976-11-321376
Phone：976-11-311637
網址：http://www.intourtrade.mn/

肯特省賓德爾的成吉思汗營地，辦公室在烏蘭巴托

Chinggis Toonot Trade & Travel Co., Ltd
Room 430, Central Palace of Culture
Sukhbaatar District, Ulaanbaatar
PO-23 box-676 UB-210523
Mongolia
e-mail：handaa@chinggistoonot.com, info@chiggistoonot.com
Fax/Phone：976-11-322079
網址：http://www.chinggistoonot.com

推薦書籍

1. 蒙古秘史新譯並註釋，ISBN957080842X
札奇斯欽著，聯經，1979年12月初版，
1992年9月第二刷。

2. 成吉思汗的故事
支水文著，蒙藏委員會，1997年6月初版。
如果看不完四百五十頁的秘史，這本不到
一百頁的兒童版是最佳選擇。

3. 史集
（伊兒汗國，波斯）拉施特編纂，余大鈞、
周建奇譯，北京商務，1983年9月初版，
1997年6月第四刷。

4. 世界征服者史
（伊兒汗國，波斯）志費尼著，何高濟譯，
北京商務，2004年初版。

5. 多桑蒙古史
（瑞典）多桑著，馮承鈞譯，上海書店，
2003年11月初版（新排版）。

6. 柏朗嘉賓蒙古行紀、魯布魯克東行紀
（意）柏朗嘉賓、（法） 魯布魯克 著
耿昇、何高濟 譯，(中國大陸）中華書局，
1985年初版，2002年第二刷。

7. 蒙古史料四種（聖武親征錄、長春真人
西遊記、蒙韃備錄、黑韃事略）
王國維校註，正中書局，1962年初版，
1975年二版。

8. 飲膳正要
（元）忽思慧著，台灣商務，1993年
臺一版第五刷。

9. 諾恩吉雅
席慕容，正中書局，2003年初版。

10. 金色的馬鞍
席慕容，九歌出版社，2002年初版。

11. Chinggis Khaan Atlas
（蒙）Dambyn Bazargür，Dambyn
Enkhbayar，1997，Ulaanbataar

12. Genghis Khan and the Making of
the Modern World
（美）Jack Weatherford，2004，Crown
Publishers，New York。

13. Travels in Northern Mongolia
（美）Don Croner, 1999, Anchorage,
Alaska, Polar Star Publications。

14. Mongolian Shamanism
（蒙）Purev Otgony著，Purvee
Gurbadaryn譯，2006，Ulaanbaatar。
這本書在蒙古境外不易找到。
可直接聯繫p_bolor@yahoo.co.uk

15. 中文的導遊書，陳國瀚與王光玉合作
的《蒙古國》很實用。英文的目前有三
本，我建議以Lonely Planet為主，另外
參看Odyssey Guides。

16. 恩和的那張地圖，Chinggis Khaan Tour Map，
後來我也買了，推薦參考。

17. 到了蒙古，可以買這本很薄的圖文攝
影集<Mongols>，Baabar & R. Enkhbat。
彩色攝影集這本不錯：<Mongolia-the
heart land of Asia>，Lkhamsuren Ganzorig。

感謝

我們要感謝達娜蘇榮V. Danaasuren。感謝她的接納、友誼、細心協助。事實上，就像她所說的，從八年前認識的時候，我們就覺得自然的親近，彷彿姊妹。感謝達娜的母親S. Gantogoo，父親R. Vandangambo，關心我們如女兒一般。

感謝這兩次《秘史》行程的指揮官兼前鋒，司機先生恩和L. Enkhee。謝謝他與我們一起欣賞蒙古的美。

感謝蒙古的以下各位。策劃行程的Intour Trade Co., Ltd，Sh. Munhtsag，T. Bold，Purev-Ochir Ononbayar。熱情接待的Chinggis Toonot，Y. Tserenkhand，D. Gansukh，D. Ganbold，L. Amgalan，G. Nyamkhuu，B. Batbilege，以及所有營地的工作人員。

感謝北京的鄭浩、王紅，他倆從一九九八年的那次旅行就一直支援我們，賴以救命的感冒沖劑與最重要的火車票都是他倆準備的。也感謝北京的趙彤與父母的照料。

感謝臺北新亞旅行社的吳春燕小姐、高兆麟先生，從一九九八年起，他們兩位就耐著性子幫我們辦理各種怪異簽證與機票。感謝臺北的清水裕美子小姐，給了旅行上的建議，以及蒙文方面的協助。

感謝台中惟真中醫診所的連建廷醫生，我們這兩個愛玩又不自量力的傢伙，多虧有他幫忙維護健康。

我們也要感謝各自的父母與家人。杜蘊慈要謝謝妹妹杜蘊慧兩次同行，上一次母親是第一位讀者與編輯，這一次是妹妹為這本書繪製地圖、提供文字上的意見，我很幸運。我的心願是下次父母也同意一塊兒去蒙古。黃惠玲要特別感謝大姊與二姊的一貫支持。

事實上，二〇〇四年能夠成行，還要感謝臺北大塊文化的郝明義董事長，沒有大塊的幫助，恐怕我們的《秘史》之行還會延後幾年。謝謝廖立文總編輯、韓秀玫副總編輯，耐著性子等這本其實並不厚的書。

謝謝大家！

杜蘊慈
黃惠玲
2006年12月

我在蒙古攝影

黃惠玲

說來真是可恥。兩年前，拎著相機及背包跟去蒙古東部草原，只知道是成吉思汗的出生地。其他一概不知。到了當地，才發現大事不妙，全部都是草原。若不知歷史典故，可真是霧裡看花。當時只能不管三七二十一，全都拍了下來。但是我心裡清楚，沖洗出來的幻燈片，就是少了一份感情。

回來後，痛改前非發憤圖強。把成吉思汗的故事（蒙藏委員會出版，蒙藏兒童民間故事叢書），蒙古秘史新譯並註釋（聯經出版），成吉思汗ＤＶＤ（中國大陸拍攝電視劇），蒙古文化與社會（台灣商務印書館出版），飲膳正要(元朝忽思慧著，台灣商務出版）及飲膳正要新編（香港中文大學出版），全都細讀了一遍。

今年再次前往哈刺和林和蒙古東部草原，依然拎著相機及背包，多了一份發思古之幽情，只差沒獨愴然而涕下。沿途我們一路比較這幾年蒙古的變化。出了烏蘭巴托之後，沿途鋪柏油的公路多了，水草比起兩年前肥美多了。哈刺和林的外國觀光客多了；八年前，連同我們二個，只有四個外國觀光客。

其實我一直很想看萬羊奔騰的畫面，沒想到這個畫面「狂奔羊」居然是我造成的。當我發現遠處草原上有難以數計的白點、黑點、咖啡點的移動，馬上請求停車，我要拍照。待我衝入羊群附近，簡直是咩聲不絕於耳！為了拍照，奮不顧身的往前衝，羊群受到過度的驚嚇。我回頭一看！一千七百隻羊已經被我一分為二，後半部的羊群一動也不動，正密切注意手上拿著「黑色武器」（相機）奇怪的人，會往哪個方向衝？最有趣的是，我不動牠們也不敢動；我往前衝牠們又嚇得一分為二，往兩邊逃竄。接下來，後半部的羊群又被我分成兩半。經過一陣混亂後，突然聽到急促的咩聲，原來是羊媽媽正在尋找羊寶寶，沒多久母子終於團聚。

和眾多羊群打過照面還有兩次經驗。一次是巧遇放牧一千頭羊的老先生，他身著西裝，戴了帽子，脖子上掛的是俄國望遠鏡，紅紅的臉頰上堆滿了笑容。遠遠的走來問候我們，大家席地而坐，就像八百年前的蒙古民族。另一次是在哈剌和林的傍晚，司機恩和大叫：有彩虹！大夥兒跳下車，趕忙拍照。夕陽從烏雲縫細撒下橘紅色的光芒，正好撒在低頭吃草的眾羊身上。從來沒遇過如此奇特景象及顏色，這大概是天堂的顏色吧？我稱呼這些羊為「天堂羊」。

司機恩和簡直就是我們的「望遠鏡」。哪個方向有哪些奇珍異鳥，他總是第一個看到。像丹頂鶴、野鴨出現，我們得悄悄的下車，趕緊輕輕小跑步過去，免得驚嚇這些鳥兒。此時此刻最痛苦的是，背了200mm的鏡頭還是不夠長！鳥拍起來好小！

到蒙古應該攜帶何種相機？我的建議是越原始越好！尤其是計畫停留較長的時間。蒙古出了烏蘭巴托市，電力不足是常有的事。而且並非所有的地方都能充電。傳統底片傻瓜相機會更適合。蒙古是個適合仔細觀察、靜靜欣賞、慢慢拍攝的好地方！我的經驗是帶NIKON FM2（手動機械相機），再加上20mm、35~70mm、80~200mm鏡頭及腳架，應該就很足夠。若要專心拍鳥，還要更長鏡頭。

最喜歡岩畫區，我稱它為「360度拍不下區」。兩年前首次到此，爬上岩畫區的高台向四周遠眺，頓時發現我用再大的廣角鏡頭都拍不下草原、藍天白雲。心胸寬廣了起來，此時此刻沒有任何的俗事能困擾我。站在高台上大風迎面吹來，想像自己是隻遨翔天空的老鷹，自由自在的飛翔！

今年居然在此巧遇兩年前拜訪過的牧民。她騎著馬緩緩的走向我們，聊天後才知她就是兩年前拜訪過的牧民。她還記得我最喜歡抱她們家的小羊了！在蒙古除非是舊識，否則實在很難遇到曾遇過的牧民。很珍惜這份難得的緣分。

兩年前她們家生活過得並不好，購買她家自製的鮮奶油後，臨行前，營地老闆娘還特別捐一些錢給她們。此次再次造訪，看起來生活改善不少，多了電視、小耳朵及太陽能發電。我一如兩年前，興奮的購買她家的酸奶塊。這是我們吃過最好吃的酸奶塊，打算好好的帶回台灣。

嚐過酸奶塊，走出蒙古包。到處東張西望看是否有好東西可拍照？啊！另人振奮！屋外一大片排列整齊的白色酸奶塊大軍正在曬太陽呢！與藍天朵朵白雲相映成趣。每次看到這些照片，心情又再次的興奮起來！她們一家人也高興的拿出媽媽做的十二生肖手工刺繡，讓我們拍照。此時大夥兒又是一陣搶拍，拍完準備回營地時，我的眼睛迅速的掃向四周，試著記住周遭的一切，希望下次再來蒙古還能遇到她們。

我並不是專業攝影師，只不過在需要的時刻將現有的相機帶出去拍照而已。也許正因如此，許多時候只想好好當個到此一遊的觀光客。但這其實並不是我能決定的。就像第二次到哈剌和林，當天剛好有一個表演，是關於蒙古可汗的故事。表演場地是在一望無際的草原上。一般傻瓜相機是絕對拍不出什麼的，而表演時間又在黃昏時刻，若只加閃光燈不足以支援。所有的觀光客都是坐在觀賞台上，一個挨著一個。若要拿出腳架使用根本沒地方放。當下蘊慈建議要不要到棚外拍？我頭戴玉山國家公園的登山帽、腳穿防水登山靴，一身的裝扮和電視動物頻道的動物保育員沒啥兩樣，一副假裝很專業的拿著相機腳架走向棚外，座位旁手拿單眼高級自動相機的德國老先生還偷瞄我的相機腳架一眼。就這麼的「被迫」半蹲跪在腳架前一個半小時，殺掉五捲正片。拍完後頭昏眼花，但是十分值得。原本天氣不太好稍微飄著雨，在最後關鍵時刻感謝老天爺給了我溫暖的黃色調。哈哈！騎馬、射箭、摔跤、喉咪、馬頭琴及軟骨功，都拍到了。

還有一次在哈剌和林巧遇一個大市集，當時所有的人通通進入亢奮的狀態。各式各樣的手工毛氈製品，大家忙著大採購。我想拍照也想大瞎拼，只能邊拍照邊急著說我要買這個毛氈製品！這就是攝影者的苦衷啊！

往達達勒的路途中，拜訪當地人才知道的獵人博物館。博物館就像一般布里亞特族的木屋民宅沒有招牌，外頭坐著一個手裡還拄著枴杖的老先生。我們問候之後，才知他就是館長，所有野生動物的標本都是他自己獵來並且做成標本。他特別秀出德國的雜誌說明德國人還採訪了他。客廳玻璃櫥窗內放滿了他在樹林間撿到的好東西，旁邊還用聖誕節各種彩帶裝飾著。屋內掛著獵槍、弓箭、馬鞍及古代的頭盔。另一間房間站滿著各式各樣栩栩如生的動物標本，大到黑熊、山貓、老鷹、狼，小至掛著整排各種的土撥鼠及野兔，撲鼻而來濃濃的皮革味，彷彿參觀名貴的皮草專賣店一般。我問老先生：「如何做這些標本？要花多少時間？」透過達娜翻譯，才知大熊約做十天，裡面塞滿了舊衣服。打從心裡佩服，因為蒙古鄉下物資缺乏，他還能做出標本真不容易啊！

我們希望能和老先生合照，老先生馬上換上布里亞特族的傳統服裝，胸前還掛滿各種動章。其孫女們熟練的搬出大標本站在門前，老先生一坐下，大伙兒全湊了過去，擺好拍照的姿勢。滿足了在場觀光客的願望後，直到大家走到籬笆旁準備離去，回頭一看只留下孤伶伶的大熊和鹿標本站在門前，遠看剎是有趣！

螳螂捕蟬……

蒙古總統的侍從。我稱為「竊竊私語的男人」。（下圖）

著傳統服飾配勳章的布里亞特族獵人，兩旁是其手製標本。

被架上車頂的攝影者。地上大夥兒還很沒同情心地大笑。

觀賞表演的牧民。哈剌和林。（中圖）

悠閒逛市集的三位「黃金女郎」。哈剌和林。（下圖）

額嫩河的牧民與自製刺繡。

被我分成兩群的「狂奔羊」。

哈剌和林的「天堂羊」。（左上圖）

克魯倫河附近「穿了黑毛衣」的犛牛。看來溫馴可愛，但最好不要太接近。

酸奶塊大軍進攻！
岩畫區「三百六十度拍不下」。（下圖）

這是我所拍到比例最大的灰鶴。背景是肯特省的小麥田。
躲在橋下避暑的馬。我們只有「拍馬屁」的份兒。（中圖）
巴勒只河一帶的西伯利亞針葉林帶。相機拍出來的
只是肉眼所見的一部份。（下圖）

我適應蒙古食物的過程

黃惠玲

兩年前，計畫再度前往蒙古，地點是蒙古東部草原，成吉思汗出生地。原本因為預算因素，還在猶豫是否該去？直到出發前三個月，看到旅遊生活頻道「傑米嘻遊記」播出學唱蒙古喉咪。當場蒙古的影像和音樂，全都呈現在我的周圍，就像身體內所有的神經一瞬間都被挑了起來。我當下決定，一定要再去蒙古！那是一種非常奇妙的感覺。我常在思考：是否所有去過蒙古的人，都想再回去？是不是只有親身到過蒙古，才能激起人內心深處那份追求大自然的精神？

但是，八年前的記憶裡，蒙古食物大量使用羊油，讓我稍微感到擔心，不過這點擔心並不會影響到我進蒙古的決心！當我們抵達北京，預備搭乘火車進入蒙古的時候，我在超市購買了大量的孜然粉、五香粉、清真十三香（回族使用的某種烹調秘方香料）以及Tabasco辣醬，心想如果蒙古羊油味過重，只要多撒上幾包粉，肯定沒問題！

進蒙古第一餐是旅行社INTOUR TRADE的老闆請客，經理還半開玩笑說要吃土撥鼠肉！上菜之後，原來是傳統的蒙古菜作法，罐燜羊肉。嚐幾口後，大驚！幾道菜下來，發現羊油使用大量減少，完全聞不出羊騷味！實在是太美味了！我應該不是搭了一天一夜的火車太餓而毫無判斷力。這些年，我盡量自己做菜，盡量選擇自然的食物，或許也因為如此，我和蒙古自然的食物特別對味。

抵達成吉思汗營地時，八個小時吉普車沿路顛簸勞頓，一壺熱騰騰的蒙古奶茶，送進蒙古包內。晚餐特別供應羊肉湯，蒙古人常說：「羊肉湯可以消除疲勞」。果真如此。第二天早餐供應的麵包，又讓我大吃一驚！因為興趣，以及思念著曾經去過的國家與吃過的食物，我自己做麵包及點心已經六年了，最高原則是不用預拌粉，不添加人工香料，以最天然的方式製作麵包；沒想到，居然在蒙古讓我嚐到最夢幻的麵包！這應該是天堂的味道吧！

原來全蒙古只有布里亞特族自行製作麵包，此時口中的麵包就是營地廚房的產品。我們一如往常，細細品嚐，慢慢咀嚼分析。我好奇的追問，到底是如何做出這麼好吃的麵包？透過達娜翻譯，營地老闆娘說：「這是秘密！」啊！左思右想不得其解。到了第三天，苦苦哀求：「請告訴我，我絕對不外洩。」老闆娘還是說：「這是秘密！」

日有所思，夜有所夢，當天晚上我就夢到了秘密麵包製作！場景是在地下室，樓梯間還有些許陽光透進來，我沿著樓梯往下走，地下室中心有一爐子，上有煙囪，下頭是像養雞的鐵籠，鐵籠上還有鏽斑。鐵籠內放了好多個大麵包。在場的婦女告訴我，麵包就是這樣做出來的！可是我更迷糊了：鐵籠有這麼多空隙，如何烤麵包？直到夢醒，我還是無解。隔天我們即將離開營地，當晚老闆夫婦為我們踐行，我說出昨晚的麵包夢，大夥兒大笑，當場老闆娘終於鬆口，告訴我：「待會兒，我們一起去廚房做麵包！」完全沒顧及自己多大年紀，我興奮的大叫「YA」！

到了原木建造的傳統廚房裡，我終於看到了如何製作麵包。只不過，我將嚴守麵包配方秘密，不足為外人道。

今年，再次回到蒙古東部草原。成吉思汗營地老闆特別為我們準備燜全羊。將金屬製牛奶桶及河中撿來的黑石頭加熱後，放入新鮮現宰山羊肉、馬鈴薯、洋蔥、鹽巴及水，蓋鍋燜燉約二小時。食用時，出乎意料，山羊肉居然完全沒有羊騷味！肉質鮮美，讓人一口接一口。連平日不吃羊肉的同行友人都說好吃！或許是沒平日的工作壓力，接近大自然、天然食物，每天食慾大增。讓人樂不思蜀啊！

蒙古火紋圖案

烏蘭巴托的蒙式連鎖餐飲。蒸餃狀的是羊肉包子（booz），
碗中是奶茶包子。

郊區路邊賣的完整水煮羊頭。
有點後悔沒買一個嚐嚐。（左下圖）

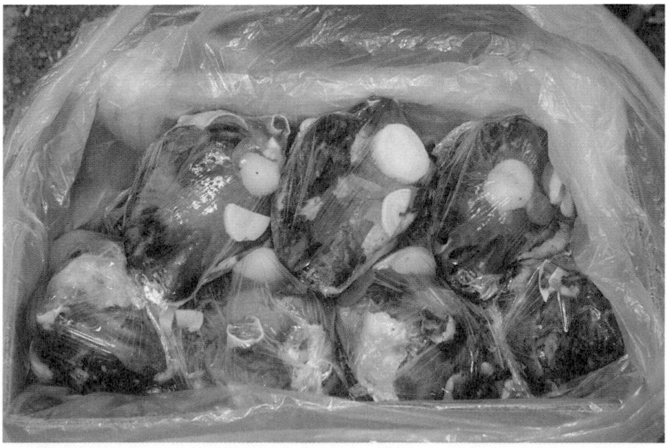

Deluxe
Gold V

蒙古燜羊肉圖解（一）：所有主配料與黑色河石放在牛奶桶中燉煮。

旅途中經常野餐。這是在肯特省邀請路過的一對牧民夫婦共餐。（右頁上圖）

新鮮松塔（毬果），掰開來吃裡面的嫩松子。蘊慈買了一個吃，她說
有點兒像啃木頭，不過新鮮松子很好吃。（右頁下圖）

蒙古焖羊肉圖解：

（二）：約一小時後取出，分開肉、配料、石頭、肉湯。（右頁上圖）

（三）：上桌。請注意圖左杜某人驚訝得下巴快掉下來了。

（四）：大快朵頤。牙啃、手掰、刀切不拘。請注意那一盤黑石，
趁熱握在手中，可幫助健康。巴勒只河，2006年。

蒙古機場

黃惠玲

八月二十日清晨五點半，天依然是黑的，我們一行人坐在吉普車上，準備前往蒙古機場。我不時的望著窗外的星星，試圖多記住些蒙古的景象。半小時後，抵達蒙古成吉思汗機場。當天離境的人並不多，機場內空蕩蕩的。心裡想的還是有什麼話沒跟達娜說，深怕好久以後才會再見面。她已經不僅僅是我們的翻譯，而且她還是我們最好的朋友。認識她八年了，從她是大二的學生。到現在的她已是國立蒙古大學銀行金融系的講師。此行是我們第三次到蒙古，少了第一次的青澀，和第二次的摸索，多了一份第三次的熟悉。

肯特省成吉思汗營地大帳前，2004年。

機場內的人漸漸多了起來，我們還在等營地老闆鋼蘇和夫婦前來。趁著空檔，我悄悄的對達娜說：「我好像做了一場夢！出境後，夢就醒了！」紅著眼眶內心掙扎著不想讓眼淚掉下來。直到營地老闆夫婦出現，他們帶來兩大條營地做的布里亞特族麵包和庫蘇古泊的名產野生紅漿果果醬！這是我的最愛！他們總是那麼的細心和體貼。

是說再見的時刻了，我們得辦理出境手續。相互擁抱告別，我的眼淚再也忍不住的宣洩出來，拖著行李往櫃臺走。此時此刻，我想起了桃花源記，當樵夫划著船離開桃花源時，內心的掙扎不捨，可想而知。重回到現實的生活，而不再是夢境般的景象。

回台後打電話給達娜，告訴她我們安全回到家。她說：「做了一個夢！」夢裡是她、司機及牧馬人，她問牧馬人：「惠玲、蘊慈過的好嗎？」牧馬人說：「她們過得很好！」她跟我都覺得，那牧馬人應該是飛機的機長，馬群應該是飛機吧。果然是蒙古人的夢！

三趟蒙古行讓我感觸良多。一直很羨慕蒙古人，雖然蒙古的經濟並不好，城市也不是很進步，但是在每個人心中的成吉思汗永遠是蒙古人的英雄！讓蒙古人感到既親切又尊敬！就像達娜很希望能為蒙古有所貢獻。

離開蒙古已滿一個月。眾多幻燈片已沖洗出來，挑片時邊聽蒙古傳統歌曲，暫時麻痺自己。因為我知道，我還會再回蒙古！也許誠如連醫生所言，我們兩個幾輩子前是蒙古人！

奶製品，tsagaan idee / цагаан идээ，「白色的食物」

在草原上拜訪牧民家，一定能喝到熱熱的奶茶。《秘史》的時代，蒙古人尚沒有喝茶的習慣，因此書中並沒有提到奶茶，**süütei tsai / сүүтэй цай**。牧民待客的點心，最常見的是淡的乾奶酪片，**byaslag / бяслаг**，以及硬的乾酸奶塊或奶渣，**aaruul / ааруул**，**aarts / аарц**。

《蒙古秘史》

「少年鐵木真從泰亦赤兀人的看守下，躲到鎖兒罕•失剌家中；他家的記號，是把鮮馬奶子灌到盛酸馬奶子的皮囊裡，從夜間一直拌攪到天明。」

——酸馬奶，馬湩，**airag / айраг**，英文名稱是koumiss。

受傷的鐵木真感謝者勒蔑：

「……又在我乾渴發慌的時候，你又不顧一切地捨著性命，跑到敵營裡邊，拿來酪漿，使我甦醒過來。」

——酪漿，酸奶，tarag / тараг。

王汗的兒子桑昆挑撥父親與鐵木真：

「萬一汗父你被白的戕著，被黑的噎著的話，你父親辛辛苦苦所收聚的這些百姓，是叫我們管，還是叫誰來管呢？」

——「白的」指的應該是奶製品的總稱，「白色的食物」，tsagaan idee / цагаан идээ。

闊闊搠思勸誡出言不遜的察合台：

「啊！你把你聖明的母后說得，酥油一般的心都冷卻了，奶子一般的心都凝結了！」

——酥油，純鮮奶油，tsötsgii / цөцгий，是待客的高貴食品，極為美味！

——奶子，奶水，süü / сүү。

《江格爾》，新疆衛拉特蒙古人的口傳史詩

演唱詩人形容他的策士，英雄布拉吉根：

「他是江格爾的近臣，

講蒙古語猶如流水，

講得紅色的泥巴上

長出四指厚的奶皮子；

他講哈薩克語地道流利

講得清清的白水上，

長出四指厚的奶皮子。」

——奶皮子是油脂含量高的乾乳酪，öpöм / өрөм，跟酥油一樣，都是奶製品中最珍貴的。

哈刺和林市集上賣的長塊狀乾奶酪。較遠處像餅乾的是酸奶渣餅。
酸馬奶通常放在這樣的大瓷盅裡待客。（下圖）

牧民家的純鮮奶油，可撒上白糖。鍋中是酸奶塊與炸餑餑。

自己在蒙古包裡煮的四碗奶茶。右二那盤是超市買的奶油炸餑餑及酸奶條。

額嫩河邊剛剛遷移轉場的牧民。
車上帶著一大袋酸奶塊。

乾燥中的酸奶塊。

氈房 ger / гэр

做氈子時的祝辭：

祝做成的氈子經久耐用，
足夠做七十頂氈房的氈頂，
祝做氈子的人吉祥如意，
活到一百歲　享盡幸福。

〈氈房讚辭〉，前杭愛省錄音，1974。

美麗的門框，形狀如印璽，
是杭愛山上的樹木做成。
美麗的支柱，彷彿花與葉，
是劈開的松木仔細拼合。

搭建氈房。（左頁圖）

吉慶的圍壁，排列如針繡，
是柔韌的柳木製成。
堅固的天窗，好像發亮的寶石，
是許多細縫組成。
用木材做好了支架之後，
氈頂是以七吋厚的羔羊毛製成，
以天上甘露浸濕，
以賽馬良駒伸展。
美麗的氈子，
好像白色的向日葵；
裝飾的蒙古文字，
是女神的創造。
我靈巧純熟的手裡，
握著一把長長的剪刀；
這些技藝與知識，
教導我的是母親，
指導我的是姊姊，
教育我的是祖國；
我完成的氈房，
比任何人都強。

覆蓋它的是最好的氈子，
彷彿金翅鳥一般拍打。
它保護人們不受強風與旋風，
以野栗馬與風駝的長毛製成捆繩，
精巧編製，緊緊捆下。
十二道皮條編製的皮繩，
好像英雄的弓弦，
四道繩索綁住了氈頂，
再以十道結實地捆下。

蒙古人製造毛氈的方法，大至是以梳過的羊毛，平均鋪開，以冷水噴撒，然後捲起，由馬匹來回拖拉。

現在，氈子也由牧民做成許多工藝品。哈剌和林。

蒙古八吉祥徽圖案

氈房內部。頂圈正中掛著天藍色哈達。（上圖）
額嫩河邊的成吉思汗營地。

馬 morin / морин

〈駿馬讚辭〉，以藏傳佛教的八吉祥徽比喻描寫馬的各種美處。
根據《蒙古民間文學比較研究》，2001，北京。

牠那飄飄欲舞的輕美長鬃，
好像閃閃放光的寶傘隨風旋轉；
牠那炯炯發光的兩只眼睛，
好像結緣的金魚在水中遊玩；
牠那寬敞而舒適的鼻孔，
好像天上的甘露滴滿了寶瓶；
牠那聰穎而靈敏的耳朵，
好像兩朵妙蓮盛開在雪山頂上；
牠那震動大地的響亮回音；
好像右旋海螺發出的美妙聲音；
牠那寬闊無比的胸膛，

好像巧人編織的吉祥結；
牠那瀟灑而秀氣的尾巴，
好像勝利幢在隨風飄動；
牠那堅硬的四只圓蹄，
好像轉動寶石念珠的金輪；
這匹馬一身具備了八吉祥徽，
無疑是一匹舉世無雙的寶馬。

〈那達慕駿馬讚辭〉，根據Jean Jenkins 1974年在戈壁阿爾泰省的錄音。

你是我們國家的象徵與吉兆，
你屬於美麗而強大的祖國；
你是豐美阿爾泰的山峰，
在歡樂的那達慕裡急馳。
美麗的耳朵好像母鹿，
四腿壯如大象，美如贊丹（檀香樹），
優美頸項有六節，
頭是你的最美處，

蒙古佛教八寶圖案

你的敏捷無庸置疑，
你的胸膛如牡羚羊，
後胯寬闊健美。
你能跑極長的路程，
猶如雄獅，
在萬馬群中拔得頭籌。
你有拉開鋼鐵馬嚼的力量，
你翻越遠方的無數山嶺，
領先跑回終點的大帳。
快如疾風，堅忍不拔，
胸前激盪起風塵，
你是駿馬的模範。
馬蹄聲如此美妙，
你是美中之美。
你的前額如漂亮的鳥兒、牡羚羊的角，
高高揚塵如戈壁的野驢。
你彷彿一隻飛箭，
超逸絕塵。
願吉祥如意！
祝福我們的萬馬之首！

馬出現在民歌中，除了單純的「賦」，還有「興」的作用。〈淡灰色的馬〉，蒙古長調，
根據Alain Desjacques在蒙古布爾干省的田野錄音。

騎在這淡灰色的馬上，
牠的體型正當盛年，
有一天，我將騎著牠回家
見我白髮蒼蒼的母親。

騎在這深灰色的馬上，
牠的體力正當盛年，
在春天，我將返回家鄉，
見我白髮蒼蒼的母親。

穿越層層山口，
在那遠方，望見了我的終點。
在我蒙古袍的心口下，
搏動著愛，
為我可敬的母親。

肯特山間的牧民，帶著套馬杆。

在野外用馬絆繫住馬腿時的咒語：

這不是一匹普通的馬，
這是降臨我們贍部洲的雪山雄獅，
你們下界的百禽百獸
不許侵擾和傷害牠！

馬絆，uurga / yypra，用來牽繫住馬匹的兩只前蹄，或再加上一只後蹄，使之只能緩步而行，無法跑遠。

〈套馬杆祝辭〉

祝你有套住烈馬的結實與彈性，
祝你有套住惡狼的力量與威力，
祝你有趕回畜群的威望，
祝你光彩奪目獲得武器的讚賞，
祝你成為主人忠誠的伙伴，
祝你成為牧人的驕傲，

蒙古吉祥駿馬圖案

用我們蒙古人喜愛的食品
酥油來把你塗抹並祝福。

套馬杆，**uurga / ypra**，是蒙古人用來抓馬的工具。長約五公尺，以柔韌的木杆經過反覆曬乾、修復、浸水做成，頂端繫一條皮繩，往後拉，形成一個圈；在靠近前三分之一處，用一個皮環環起來，前面的圈可以控制鬆緊。放在地上的套馬杆與馬具任何人都不可跨越。

新疆的衛拉特蒙古人史詩《江格爾》裡面，馬夫胡德爾哈拉細心地為江格爾可汗帶來座騎阿仁贊：

他攤開長袍的衣襟，
彎膝跪地口唱祝詞，
伸出他白淨的十指，
撫摩牠雷箭般的薩嘎（馬蹄上端的長毛）。
順著獅子般的胸脯，
一把摟住了牠的脖頸。
把牠秀麗的鬃毛，
輕輕地梳了三遍；
把牠山坡般的脊梁，

輕輕地摩了三遍；
把那漂亮的韁繩，
套在鼓出來的希力上（頸部）。
韁繩用水鏡點綴，
用純真的黃金上色，
用大象的皮子編製。
鞍上鑲嵌的泡釘，
是心靈的工匠製成；
鞍上懸掛的皮條，
是手巧的藝人編做。
把哈希爾做的金嚼，
輕輕地扣在牠的嘴裡。
偏韁是用鹿皮織成，
手上繞了三十三圈。

蒙古現在的國徽。

讚頌第一名的賽馬。（左頁圖）

民間諺語

幸福，就是家有賓客；
歡樂，就是（帳前的）繫馬索滿是客人的馬。

在父親健在的時候，多交朋友；
在馬兒肥壯的時候，遊歷四方。

最大的不幸，是幼年時失去了父親，路途中失去了馬。

批評的話，只講給本人的耳朵聽；
牧馬的時候，要放在牠的本群裡。

載著我的驢子，強過踢我的馬。

往達達爾途中，與我們閒聊的牧民，帶著套馬杆。

氈房前的繫馬索。肯特省。（下圖）

市集上的鞍具。

額嫩河的牧民與馬。（下圖）

關於天地山川

天，長生天，騰格里，tenger / тэнгэр，是蒙古人最敬重、最普遍的神靈。漢文典籍裡記載匈奴單于自稱的「撐犁」尊號，是同一個字。

《蒙古秘史》中第一次西征，臣服的西夏人不肯出師援助，成吉思汗說：「若蒙長生天保佑，緊握黃金韁勒，勝利歸來，那時再做計較！」

〈蒙古薩滿請神歌〉，根據《Mongolian Shamanism》書中譯出：

啊，高高在上的騰格里！
在乳汁海還只是水塘的時候，
在須彌山還只是土堆的時候，
當第一棵樹還只是幼苗的時候，
當聖主可汗還在搖籃裡的時候，

當達延德爾赫還只是山洞的時候（Dayan Deerkh，蒙古薩滿信仰的聖地，在庫蘇古省）
您就已經存在降福了……
神啊！請接受我的祈請吧！

地，也是重要的神靈。

《秘史》鐵木真感謝王汗與札木合相助，救出妻子：
「……
由天地給增加力量，
被有權威的蒼天所眷祐，
被有母愛的大地所顧及……」

〈綿羊灑祭詞〉
祖母一般慈祥的長生天
無比寬厚的大地母親，
可汗一般權威的長生天，
可和一般安詳的大地，
請聽我的禱告！

各山各有神靈，大肯特山脈中的不兒罕山，由於蔑兒乞人來襲時保護過成吉思汗，有特殊地位。

《秘史》鐵木真下山之後祝禱立誓：

「騎著韁繩絆蹄的馬，
踏著牡鹿走的小徑，
拿著叢茂的柳條做遮蔽，
爬上不兒罕山來，
不兒罕山祐護了我這微如虱蚤的性命！
……
我好受驚嚇啊！
對不兒罕山，
每天清晨要祭祀，
每日白晝要祝禱！
我子子孫孫，
切切銘記！」

事實上，所有自然物質與物體都有其神靈或法力，這也包括水、火、石、樹、日、月等等。

布里亞特蒙古族的薩滿祈求賜福的禱詞，根據《Riding Windhorses》書中譯出。祝禱時用攤開的右手，以逆時針方向（太陽運轉的方向）繞圈。一般蒙古人平時也以雙手做這個動作，祈求好運：

感謝高高的長生天
感謝廣大的母地，
呼瑞！呼瑞！
感謝金色太陽的日光
感謝銀色月亮的月光，
呼瑞！呼瑞！
感謝家鄉土地的豐饒
感謝大地哺育的乳汁，
呼瑞！呼瑞！
感謝水的清澈源流
感謝草的生長茁壯，
呼瑞！呼瑞！
感謝熱火的烈焰
感謝四聖壇的礎石，
呼瑞！呼瑞！
願有無窮的富饒
最大的幸福，
呼瑞！

〈蒙古布里亞特薩滿請神歌〉，根據二〇〇六年八月在肯特省賓德爾縣錄音：

您在高高的汗山上
藍色的騰格里之下
喝著可敦大江的水
（呼喚神名），請到這兒來

您的驛差Urantogos
身披絲綢的羽衣
在蒙古的賓德爾
這一處氈房裡，請您下降

我時時刻刻向您祈禱
贊丹木的供桌上
始終亮著一百〇八盞油燈
請讓我輕輕轉一次
然後降臨

蒙古山紋圖案

我對於北方民族的薩滿信仰與儀式有興趣，一方面是文化與歷史因素，一方面是五六歲的時候，聽家裡大人語帶神秘地說，爺爺的一位姨媽是「跳大『繩』的」。當時我「ㄣ」、「ㄥ」不分，心想居然有如此令人羨慕的工作，「跳繩」！大為興奮。可惜我媽指正了我，此「神」非彼「繩」。不過不知道是基於破除迷信的科學精神，或是擔心嚇著了小孩兒，我媽對「跳神」到底是什麼意思卻含糊帶過，因此我只大概知道這不是鬧著玩的，說不定也很辛苦，因為得跳嘛。

到了十一、二歲的時候，某天舊事重提，才知道「跳神」就是中國東北漢人對「薩滿」或是「漢式薩滿」的稱呼。恍然大悟之餘，卻也想不透，爺爺的父系是漢人，清末從山東半島移民到遼東，母系可能也是吧，怎麼「胡化」如此之快？倒是我奶奶以此為精神或文化上的「返祖現象」，進而歸裡包堆下了結論：你們杜家祖先是胡人。

對於「跳神」的描述，各位看蕭紅的《呼蘭河傳》便知大概，雖然那是不贊成迷信的筆法，但可知每位「跳大神的」或「跳神的」都「頂」著一位或幾位神靈，請神的時候必有擊鼓、神歌。

蒙古的薩滿信仰與行為，在社會主義時期當然受到很大壓制。薩滿傳承一直延續不絕到現在的，是東北部的布里亞特蒙古人，還有在西北部庫蘇古省，這兩地的薩滿以法力高深聞名。但是別處的蒙古人依然沒有忘記民族的古老信仰，比如達娜就說，她的母親也曾請過庫蘇古省的薩滿來家中作法。

二〇〇六年，我們第三次回到蒙古，計畫再次前往肯特省。從在烏蘭巴托開始，一路上發生了許多看似無因的小意外，比如好幾位成員掉了東西、兩輛車都無故受了小損失、其中一輛的天窗在夜裡無故碎裂、所有人（包括蒙古人）忽然鬧肚子。等到了賓德爾的成吉思汗營地，恩和的車子又發生擦傷，玻璃也破了一塊。大家去巴勒只河釣魚的時候，三個小時裡，別人都釣了兩三條，他沒有任何收獲。

本來這次我就想在賓德爾拜訪薩滿，實際看一次請神祈禱的過程，於是我跟達娜說起來，在參觀之外也可請薩滿代為祈禱。這下達娜才告訴我，之前在巴顏郭勒營地所有人都鬧肚子的時候，夜裡兩三點，恩和看見營地前方不遠有紅色光點飄動。我說難怪狗叫了一夜！營地人員說那一帶偶爾會出現這種光點，大家都知道不妙，但誰也不曉得那是什麼。

這下子，好像更是不得不為了。於是就請營地經理鋼博德幫我們打聽，賓德爾有哪位薩滿，可以讓我們去訪問。

問來的消息是，賓德爾有兩位薩滿，其中一位男薩滿是蒙古薩滿聯合會的會長，但是被外地請去作法了。另一位是女薩滿，年紀較老。這位女薩滿說，薩滿逢「九」向自己的指導神靈祈禱（也就是上文說的「頂」著的神靈），並不請其他的靈魂（也就是降魂），但也有親友前往請神靈消災解難，明天是陰曆七月十九，如果我們願意，可以前去。於是我就跟鋼博德約好時間，明天上午前往。

稍晚就寢前，鋼博德又來了。從他驚異不置的表情，看得出有不尋常的消息。他說，營地餐廳的一位工作人員也是薩滿，而且就是我們上次來就認識的那位女生，Urantogos。

我們三個大吃一驚。就在昨天，我們在餐廳吃午飯，我看見她的頸上露出一條藍色哈達，藏在衣服下，顯然是胸前繫著什麼東西，兩年前她沒有戴著這個，而藍色哈達並不是任何人都可以隨身戴著的。現在我才猛然想起讀過的資料：那條哈達下面繫著的，是薩滿的神鏡！

Urantogos聽說我希望見薩滿，而她自己正好在上個月通過九年一次的薩滿考試，正式成為薩滿，因此覺得這是緣分，歡迎我們去參觀她明天的祈禱。我也有同感，所以說好明天早上六點開始，地點安排在營地的一座氈房裡。

先提一下蒙古薩滿的一些名詞。男薩滿稱為zairan（在內蒙稱為bo，在外蒙這是統稱），女薩滿是udgan，他們所頂著的指導神靈叫ongon，也就是中文典籍裡的「翁袞」。他們對自己的神自稱為ulaach，也就是「驛差」。他們的助手，在請神的過程中負責與神對話，在中國東北叫做「二神」的，稱為tushee，有「馬絆子」之意。

Urantogos的ongon有三位，那天因為是我第一次看請神，所以她請的是最溫和的一位，那是九代之前一位女薩滿的靈魂，自稱名叫Dugar，Dulam之女，死在五十三歲上。薩滿死後，靈魂繼續留在世上，有適當的機緣，就成為新薩滿的指導者。Urantogos的助手是一位四十來歲的婦人，她的兒子與Urantogos是一起學習、一起通過考試的薩滿。

祈禱約一小時十五分。我做了全程錄音，後來經鋼博德及達娜幫助整理翻譯。整個過程在此不贅述。特別值得一記的是，布里亞特族的新薩滿不用鼓，而是一段長約八十公分的木手杖，作用與鼓一樣，都是薩滿的坐騎，在數個月後，才漸漸改用鼓。Urantogos的手杖頭作龍形，杖上繫藍色哈達。由於是最熟悉的指導神靈，這次下神的時間只花了十分鐘。除了我與鋼博德，幾位工作人員也陸續前來請神祈福或是指點，後來達娜與惠玲也來了。蒙古人問的都是自己的氏族名稱是否正確，然後多半是健康、行車安全之類的事。

後來整理錄音時，我才知道，當鋼博德問神關於自己與弟弟鋼蘇和的健康，神指出他倆已過世的祖母是薩滿，鋼蘇和本應成為薩滿，但機緣錯過，也就算了；可是他們最小的妹妹一向身體不好，種種跡象都要求她成為薩滿，她卻不肯，因此他們的祖母很不高興。

這個消息讓鋼博德很震驚。而且他倆從未跟別人說過祖母是薩滿。不過他對於薩滿信仰有興趣，也是這個原因。在蒙古，家族中曾經出現過薩滿的，後代通常也會有薩滿。

祈禱完的當天，我們再度前往達達爾。半路上休息，恩和才一下杆，就釣到一條極大而罕見的哲羅鮭！

至於恩和看見紅色光點的事，我跟達娜都憋在肚子裡沒跟其他人說。達娜說蒙古人忌諱星期三出發長行，可是我們是星期一出發的。後來回到烏蘭巴托一算，才知道看見光點當天是陰曆七月十五，蒙古人信仰藏傳佛教，所以大概這日子也有關連吧。從來我在夏天出門幾乎都避不開這一天，所以一向也不在意。這次我跟達娜兩個「知識分子」疑神疑鬼挺可笑的。不過今年那天也是立秋，草原上馬上就起風，有了秋意了。

鋼博德解釋薩滿請神過程的錄音。

背面裝束，布條象徵著翅膀或飛行於三界之間的靈力。
布里亞特族薩滿Urantogos的正面裝束。（右頁圖）

最遠的那座山峰，是庇護過鐵木真的不兒罕聖山。

賓德爾大敖包，相傳是鐵木真逃離泰亦赤兀人之後與母親、弟、妹會合處。

成吉思汗營地後方的母親樹，當地薩滿的聖地之一。（左頁圖）

曬佛。哈剌和林。

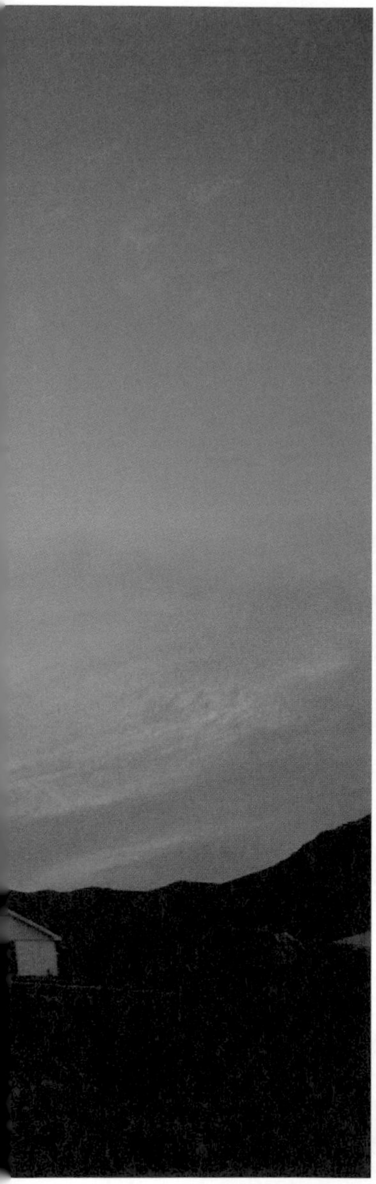

MONGOLIA
Russia
貝加爾湖
China
Bayan Ulgii
Uvs
Khovd
Zavkhan
Gobi Altai
Khuvsgul
Arkhangai
Bulgan
Orkhon
Darkhan uul
Selenge
ULAANBAATAR
烏蘭巴托
Tuv
Kharkhorin
哈剌和林
Uburkhangai
Bayankhongor
Dundgobi
Umnugobi
戈壁
Gobisumber
Dornogobi
Binder
賓德爾
Dadal
達達勒
Khentii
Delgerkhaan
德勒格爾汗
Dornod
Sukhbaatar
2004年路線
2006年路線

蒙古全圖。杜蘊慧繪製